हां, मैं ट्रोल हूं

हां, मैं ट्रोल हूं

भाजपा की डिजिटल सेना का खुफिया संसार

स्वाति चतुर्वेदी

अनुवाद
नलिन कुमार

juggernaut

जगरनॉट बुक्स

केएस हाउस, 118 शाहपुर जाट, नई दिल्ली 110049

प्रथम प्रकाशन: जगरनॉट बुक्स 2017

10 9 8 7 6 5 4 3 2 1

ISBN 9789386228413

टाइपसेट: एपीग्राफ़िक्स एंटरप्राइज़

मुद्रक: मणिपाल टेक्नॉलजीस़ लिमिटेड़, भारत

अनुक्रम

प्रस्तावना

मैं एक खोजी पत्रकार हूं। अभिव्यक्ति की स्वतंत्रता मेरी रोज़ी-रोटी है। विगत वर्षों में मेरे खिलाफ, और अन्य भारतीय पत्रकारों के खिलाफ, भारत सरकार ने सरकारी गोपनीयता कानून के तहत कई मामले दर्ज किए हैं। मैंने गर्व के साथ उनका मुकाबला किया, और जिन प्रकाशनों के लिए मैंने काम किया उन्होंने भी ऐसा ही किया।

मैंने 10 जून 2015 को दक्षिण दिल्ली के वसंत विहार पुलिस स्टेशन में एक अनाम ट्विटर हैंडल @lutyensinsider के खिलाफ एफआईआर दर्ज कराया। @lutyensinsider के करीब 40,000 फॉलोअर्स थे और उसने छह महीने तक बाकायदा मुझे लक्ष्य करते हुए एक अशिष्ट अभियान चलाया जिसमें परोक्ष इशारा था कि मेरे एक राजनीतिज्ञ के साथ यौन संबंध हैं।

हर दिन की शुरुआत सैकड़ों नोटिफिकेशंस के साथ होती जिनमें चर्चा होती मेरी 'रेट', 'पिछली रात के ज़बरदस्त एनल सेक्स' और काल्पनिक गुप्त संबंधों की जहां मैं एक 'कामुक स्त्री पर्याप्त मज़ा नहीं मिलने पर और अधिक की भीख मांगती रही'. जी हां, एक सार्वजनिक मंच पर भावी पीढ़ियों के लिए यह मेरे बारे में विवरण था, मेरा 20 वर्षों का प्रोफेशनल करियर – जिस पर कि मुझे बहुत गर्व है – बदनामी (स्लैंडर) में बदल गया।

इन हमलों की बुनियादी बात थी, एक घिनौना लैंगिक भेदभाव, जिससे एक रिपोर्टर के रूप में बिताए वर्षों के दौरान मुझे कभी सामना नहीं करना पड़ा था। मेरी सुबह गुस्से और एक रुग्ण, हल्की उबकाई वाली अनुभूति से भरी होती थी। हमले व्यक्तिगत थे और छह महीने बाद मेरी बर्दाश्त के बाहर थे।

पीछे पड़ने, यौन उत्पीड़न, इंटरनेट पर अश्लील सामग्री प्रसारित करने और एक महिला की मर्यादा को भंग करने से संबद्ध भारतीय दंड संहिता की धाराओं के तहत दायर मेरी आपराधिक शिकायत किसी भारतीय पत्रकार द्वारा दायर अपनी तरह की प्रथम थी। इस पर त्वरित प्रतिक्रिया देखने को मिली। राष्ट्रीय और अंतरराष्ट्रीय मीडिया में विस्तृत कवरेज के बीच ट्विटर ने बदनामी (स्लैंडर) और उत्पीड़न करने के आरोप में उक्त हैंडल पर रोक लगा दी। उसने दिल्ली पुलिस को बदनामी फैलाने वाले उस अनाम व्यक्ति का आईपी एड्रेस और ईमेल एड्रेस भी उपलब्ध करा दिया। दुर्भाग्य से अब तक कोई गिरफ्तारी नहीं हुई है क्योंकि आरोपी को सरकार के ताकतवर लोगों का साथ मिला हुआ है।

सिर्फ @lutyensinsider ही मुझ पर हमले करने वाला एकमात्र व्यक्ति नहीं रहा है। 'निर्भया की तरह' बलात्कार कर दिए जाने या जुलाई 2016 में युवा उग्रवादी बुरहान वानी की मौत के बाद पेलेट गन से लोगों की आंखों की रोशनी छिनने के मुद्दे

पर बोलने से मुझे रोकने के लिए 'एके-47 की गोली' का इस्तेमाल करने जैसी धमकियां ट्विटर पर मुझे रोज़ाना ही मिलती हैं। और मैं अकेली नहीं हूं। कई अन्य पत्रकार भी, खासकर महिलाएं, जिनके उदार राजनीतिक विचार हैं और जो सरकार की नीतियों पर सवाल उठाते हैं, नियमित रूप से दक्षिणपंथी ट्रोल्स के हिंसक, और अक्सर सेक्स रूपक वाली गालियों के निशाने पर होते हैं।

इंटरनेट ट्रोल्स ऐसे लोगों को कहते हैं जो बहस शुरू कर या भड़काऊ टिप्पणियों और तस्वीरों से लोगों को परेशान कर इंटरनेट पर विवाद खड़ा करते हैं। ये ऑनलाइन की दुनिया के गुंडे हैं। भारत की बात करें तो ऑनलाइन ट्रोल्स आमतौर पर हिंदू दक्षिणपंथी विचार रखते हैं और अतिराष्ट्रवादी होते हैं। उनकी प्रवृत्ति हर उस व्यक्ति पर हमला करने की होती है जो उन्हें सरकार, भारतीय जनता पार्टी (भाजपा) या राष्ट्र का विरोधी नज़र आता हो। इनमें से कुछ के बड़ी संख्या में फॉलोअर्स हैं। आमतौर पर हिंदू देवी-देवता या ट्विटर एग इनके डिस्प्ले पिक्चर होते हैं। फॉलोअर्स की संख्या बढ़ाने के लिए कइयों ने खूबसूरत महिलाओं की तस्वीरों के डिस्प्ले पिक्चर बना रखे हैं। ऐसे में आपका सामना बिकिनी पहने 'सोनम' नामक यूज़र से हो सकता है जिसके ट्वीट मुसलमानों के खिलाफ घृणा फैलाने वाले होते हैं। इस तरह के ट्रोल्स अमूमन अनाम होते हैं। हालांकि कई अन्य अनाम नहीं भी

हैं, और कई बार उनके फॉलोअर्स में प्रधानमंत्री नरेन्द्र मोदी समेत भाजपा के हाईप्रोफाइल सदस्य शामिल होते हैं (अध्याय 1 देखे).

ये बाद की श्रेणी वाले ट्रोल्स हमले की अगुवाई करते हैं, और जैसे ही वे आपको गालियां बकेंगे, अनाम ट्रोल्स का एक झुंड उनका अनुसरण करेगा, मूल अपशब्दों को दोहराते हुए या उसमें और भी कुछ जोड़ते हुए। अनाम ट्रोल्स का झुंड महिलाओं को बेहद अश्लील संदेश ट्वीट करता है, उन्हें अभद्र संदेशों के साथ जननांग के बालों की तस्वीर भेजता है। जितना प्रसिद्ध शिकार, उतनी ही घटिया गाली। यह समूह बरखा दत्त और राजदीप सरदेसाई जैसे टीवी पत्रकारों को सर्वाधिक निशाना बनाता है। कई बार वाट्सएप पर मोबाइल नंबर शेयर किए जाते हैं ताकि ज़्यादा वहशी ट्रोल अन्य माध्यम से इस घिनौने खेल में शामिल हो सकें। 'सिकुलर प्रेस्टीट्यूट' जैसी गालियां अब आम हो च ुकी हैं।

हाल ही में पार्श्व गायक अभिजीत ने, जो पाकिस्तानी गायकों को बॉलीवुड में प्रतिबंधित किए जाने के अभियान की अगुवाई करने के लिए जाने जाते हैं, अपने सत्यापित ट्विटर अकाउंट पर दावा किया कि चेन्नई में इन्फोसिस की कर्मचारी स्वाति की हत्या 'लव जिहाद' की घटना है। जबकि वास्तव में स्वाति की हत्या ठुकराए गए एक हिंदू प्रशंसक ने की थी, जिसने बाद में

आत्महत्या कर ली।

एक सत्यापित ट्विटर हैंडल, ट्विटर द्वारा आधिकारिक सरकारी अकाउंट्स, नामी शख्सियतों, अंतरराष्ट्रीय स्तर के नेताओं और पत्रकारों दिया जाने वाला एक प्रतिष्ठित ठप्पा है। मूलतः इसका मतलब यह है कि आपकी पहचान को लेकर कोई संदेह नहीं है – आपका हैंडल फर्जी नहीं है, ट्विटर ने आपकी जांच की है और आप अपनी दुनिया के भीतर एक प्रभावी शख्सियत हैं। आमतौर पर ट्विटर, सत्यापन की इस प्रक्रिया में सरकार द्वारा जारी दस्तावेज़ों को देखता है। बुरे ऑनलाइन बर्ताव के मामलों में ट्विटर सत्यापन का ब्लू टिक निशान वापस भी ले लेता है।

सांप्रदायिक घृणा फैलाने के लिए सत्यापित ट्विटर यूजर्स द्वारा झूठी बातों के इस्तेमाल ने मुझे हमेशा चिंतित किया है। यह उन्हें एक मेगाफोन और प्राइमटाईम टीवी स्लॉट देने जैसा है। इसलिए मैंने अभिजीत के झूठ के खिलाफ आवाज़ उठाई और कहा कि इससे दंगे भड़क सकते हैं। इसपर उन्होंने अपशब्दों की बौछार कर दी और ऐसी-ऐसी गालियां दीं जिन्हें छापा नहीं जा सकता। इसके बाद अनाम ट्विटर हैंडल्स के पीछे छुपी भीड़ ने क्रूरतापूर्ण ट्रोलिंग की। मैंने एक और पुलिस केस दायर किया और महिला एवं बाल विकास मंत्री मेनका गांधी ने इस मामले में यह कहते हुए हस्तक्षेप किया कि उन्होंने एक विशेष हेल्पलाइन #IAmTrolledHelp

शुरू करने का फैसला किया है। लेकिन मुझे स्थिति में बदलाव की अपेक्षा नहीं है। आखिर उन ट्विटर यूज़र्स के खिलाफ कहां कोई कार्रवाई हुई जिन्होंने सितंबर 2015 में उत्तर प्रदेश के दादरी में कथित रूप से गोमांस रखने के आरोप में मोहम्मद अखलाक की उग्र भीड़ के हाथों हत्या की घटना के बाद सांप्रदायिक तनाव फैलाने के उद्देश्य से फर्ज़ी तस्वीर शेयर किए थे।

अभिव्यक्ति की स्वतंत्रता संबंधी कानूनों के पुरोधा देश अमेरिका में सोशल मीडिया पर हिंसक धमकियों का सामना कर रहे लोगों की शिकायत पर हर साल हजारों लोग गिरफ्तार होते हैं और अदालतें इन आरोपों को 'कार्रवाई योग्य' मानती हैं। नफरत फैलाने वाले भाषण देना, किसी को लक्षित कर तंग करना, यौन उत्पीड़न का वर्णन करते हुए बलात्कार की धमकी देना, हिंसा के लिए उकसाना – ये सारे करतूत भी 'कार्रवाई योग्य' हैं लेकिन हमारी पुलिस कार्रवाई नहीं करती है। अभिजीत ने, खबर के जवाब में राष्ट्रीय टेलीविजन पर खुली धमकी दी थी, 'मैं सबको देख लूंगा'. पुलिस ने एक केस दर्ज करने के अलावा कुछ नहीं किया।

मेरे, और अन्य भारतीयों के अनुभवों ने इस जांच की प्रेरणा दी। मेरे मन में अनेक सवाल थे और मैं जवाब चाहती थी। नकली नामों और फर्जी तस्वीरों वाले ये ट्रोल्स आखिर कौन हैं? वे कहां

रहते हैं? वे जो भी कर रहे हैं, वो क्यों कर रहे हैं? क्या वे संगठित रूप से काम करते हैं या अनायस ही कदम उठाते हैं? क्या वे भाजपा और प्रधानमंत्री मोदी के प्रशंसक मात्र हैं या पार्टी के साथ उनका कहीं अधिक औपचारिक जुड़ाव है?

ये सवाल पहले से ज़्यादा तात्कालिक लगते हैं। क्योंकि द्वेषपूर्ण भाषण की ऑनलाइन संस्कृति वास्तविक दुनिया तक फैल चुकी है। विदेश राज्य मंत्री पूर्व सेनाध्यक्ष वी। के। सिंह ने उनसे सवाल करने वाले प्रमुख पत्रकारों के लिए 'सिकुलर प्रेस्टीट्यूट' मुहावरे का प्रयोग किया और यह परिभाषा भाजपा के मंत्रियों और ऑनलाइन दक्षिणपंथी ट्रोल्स के बीच वायरल हो गई। इसके बाद, भाजपा उपाध्यक्ष दयाशंकर सिंह ने चार बार उत्तर प्रदेश की मुख्यमंत्री मायावती को 'वेश्या से भी ज़्यादा बुरी' कहा। चुनावी बाध्यताओं और संसद से आक्रोश के सामूहिक गर्जन ने पार्टी को उन्हें छह वर्षों के लिए निलंबित करने पर विवश कर दिया।

शब्द कभी भी मात्र शब्द ही नहीं होते। वे कार्रवाइयों, दंगों और हिंसा को विस्तार दे सकते हैं। दिल्ली में 2016 की होली के दौरान डॉ. पंकज नारंग की हत्या का मामला ही लें। राहुल राज ने (जो @bhak_salaके हैंडल से ट्वीट करते हैं और जिनके 77,900 फॉलोअर्स में प्रधानमंत्री मोदी भी शामिल हैं) ट्वीट किया कि मुसलमानों ने डॉक्टर की हत्या की है और मीडिया इस बात को

डॉ. नारंग की हत्या पर राहुल राज (bhak_sala) के ट्वीट पर प्रतिक्रियाएं

छुपा रहा है। इसपर कोई दंगा भड़कता इससे पहले ही दिल्ली पुलिस ने एक त्वरित स्पष्टीकरण जारी किया यह बात सरासर झूठ है। लेकिन पुलिस ने भड़काऊ बातें प्रसारित करने वाले इस हैंडल के खिलाफ कुछ भी नहीं किया और न ही संबंधित व्यक्ति के खिलाफ कोई मामला दर्ज किया। मैंने उस हैंडल की जानकारी जुटाई है। इसका स्वामी बेंगलुरु में बहुराष्ट्रीय दवा कंपनी नोवार्टिस में मैनेजर के रूप में कार्यरत है और एक प्रोपगंडा वेबसाइट OpIndia चलाता है। नोवार्टिस ने ना तो मेरे सवालों का जवाब दिया और ना ही सोशल मीडिया पर अन्य यूजर्स के उठाए सवालों का। राज ने भी ट्वीट डिलिट कर दिए। उनके स्क्रीनशॉट्स यहां पर दिए गए हैं जो राहुल के ट्वीट को रीट्वीट करने और उसकी आलोचना करने वाले हैंडल्स से लिए गए हैं।

2016 के शुरू में भाजपा के सांसद हुकुम सिंह ने दावा किया कि मुसलमानों द्वारा निशाना बनाए जाने के बाद पश्चिमी उत्तर प्रदेश के कैराना से हिंदू पलायन कर रहे हैं। सिंह का दावा झूठ साबित हुआ लेकिन फिर भी दो सप्ताह तक रोज़ ट्रेंड करता रहा, जब तक कि राष्ट्रीय मानवाधिकार आयोग ने हस्तक्षेप नहीं किया। उल्लेखनीय है कि कोई विषय ट्विटर पर यूं ही लगातार कई दिनों या हफ्तों तक ट्रेंड नहीं करता। उत्तर प्रदेश की राजनीति के एक संवेदनशील केंद्र में, खासकर चुनाव से पहले, इस तरह की कानाफूसी स्थायी क्षति पहुंचा सकती है।

इन बातों ने ही मुझे इस कदर विस्तृत जांच के लिए प्रेरित किया। ढाई साल पहले प्रधानमंत्री मोदी की सरकार बनने के बाद से मैं भयपूर्ण मुग्धता के साथ दुनिया के सबसे बड़े लोकतंत्र के नेता को ट्रोल्स को फॉलो करते और सम्मानित करते देख रही हूं। इस दौरान दक्षिणपंथी उत्पीड़न और हमले की ऑनलाइन संस्कृति लगातार विकसित हुई है। इस जांच में मुझे करीब दो वर्ष लगे और इस सिलसिले में असली ट्रोल्स, भाजपा और आरएसएस के नेताओं, विपक्षी नेताओं, और नौकरशाहों एवं विभिन्न मंत्रालयों में कार्यरत अधिकारियों से मेरी मुलाकात हुई। इस प्रक्रिया में एक ऐसी तस्वीर निर्मित हुई जिसने झूठ और घृणा के ऑनलाइन इस्तेमाल को लेकर हमारी लापरवाही – और उससे भी अधिक सत्तारूढ़ पार्टी के कुछ प्रमुख नेताओं द्वारा राजनीतिक साधन के रूप में इसके इस्तेमाल – ने मुझे बेहद चिंतित कर दिया। यदि आप ऑनलाइन की दुनिया में झूठ और हिंसा का इस्तेमाल करते हैं तो इससे वास्तविक जगत में आपके व्यवहार के बारे में क्या पता चलता है? भारत द्वारा अपने से किए जा रहे संवाद में इस तरह के चिंताजनक विभाजनकारी मुद्दे मैंने कभी भी नहीं देखे हैं।

1

‘सौभाग्यशाली हूं कि प्रधानमंत्री मोदी फॉलो करते हैं’

प्रधानमंत्री नरेन्द्र मोदी को संयुक्त राज्य के राष्ट्रपति बराक ओबामा से अपनी मित्रता पर गर्व है। क्या आप ऐसा सोच भी सकते हैं कि ओबामा या ब्रिटेन की प्रधानमंत्री टेरेसा मे, जर्मन चांसलर एंगेला मेर्कल या फ्रांस के राष्ट्रपति फ्रांस्वा ओलांद सोशल मीडिया पर उत्पीड़न करने वालों को फॉलो करेंगे?

मोदी ने 2009 में ट्विटर ज्वॉइन किया था और उन्होंने फरवरी 2005 में अपनी निजी वेबसाइट स्थापित की थी। उनकी पार्टी, भाजपा, भारत की पहली राजनीतिक पार्टी थी जिसने सोशल मीडिया और इंटरनेट की ताकत को पहचाना। भाजपा ने 1995 में पार्टी की वेबसाइट बना ली थी और राष्ट्रीय स्वयंसेवक संघ (आरएसएस) से प्रशिक्षण लिया, जिसने 2000 के दशक की शुरुआत में इंटरनेट शाखाएं स्थापित कीं (इस असामान्य इतिहास पर और जानकारी बाद में).

वहीं भारतीय राष्ट्रीय कांग्रेस (आईएनसी) ने भाजपा से 10 साल बाद 2005 में अपनी आधिकारिक वेबसाइट स्थापति की। कांग्रेस उपाध्यक्ष राहुल गांधी ने 2015 में आकर ट्विटर ज्वॉइन किया है। सोशल मीडिया पर मजबूत उपस्थिति रखनेवाली आम आदमी पार्टी (आप) नवंबर 2012 में अस्तित्व में आई। इससे कुछ महीने पूर्व सितंबर में ही इसने अपनी वेबसाइट को पंजीकृत

करा लिया था।

मोदी के ट्विटर पर 2.16 करोड़ फॉलोअर्स हैं और वह 1375 लोगों को फॉलो करते हैं। सूचना के अधिकार के तहत एक सवाल के जवाब में प्रधानमंत्री कार्यालय (पीएमओ) ने बताया था कि प्रधानमंत्री के हैंडल्स @Narendramodi और @PMO खुद प्रधानमंत्री ही संचालित करते हैं। उनसे नियमित रूप से मिलने वाले लोगों (पीएमओ के अधिकारी, भाजपा नेता आदि) का कहना है वे ट्विटर के प्रति आसक्त हैं और सोशल मीडिया को सावधानीपूर्वक मॉनिटर करते हैं।

इससे लोग जहां मोदी की ऊर्जा के कायल हो सकते हैं वहीं एक गंभीर सवाल भी उठता है। दुनिया के नेताओं में सिर्फ भारत का प्रधानमंत्री ही क्यों अपने देश के घटिया ऑनलाइन उत्पीड़कों को फॉलो करता है? मोदी जिन हैंडल्स को फॉलो करते हैं उनमें से 26 नियमित रूप से यौन दुर्व्यवहार करते हैं, जान से मारने की धमकी देते हैं और अन्य दलों के नेताओं एवं पत्रकारों के साथ बदतमीजी करते हैं – महिलाओं, अल्पसंख्यकों और दलितों को खास निशाना बनाते हुए। खुद को 'प्राउड हिंदू', 'गर्वित हिंदू', 'देशभक्त', 'नमोभक्त', 'भारत माता की जय' और 'वंदेमातरम' नाम देते ये यूजर्स मुखर और स्वाभिमानी हैं, आवश्यक रूप से मोदी के साथ वाला डिस्प्ले पिक्चर लगाते हैं और 'सौभाग्यशाली

हूं कि भारत के प्रधानमंत्री फॉलो करते हैं' की घोषणा करते हैं।

जब दुर्व्यवहार झेल चुके नागरिक मोदी को टैग करते हैं और पूछते हैं कि वह इन हैंडल्स को क्यों फॉलो करते हैं, तो वह एक कठोर चुप्पी बनाए रखते हैं। कई एफआईआर दर्ज किए जाने और एक मामले में एक हैंडल के निलंबन और ट्विटर द्वारा वापस लिए जाने के बाद भी इस किताब के प्रेस में जाने तक इस बात का कोई रिकॉर्ड नहीं है कि उन्होंने एक भी हैंडल को अन-फॉलो किया हो।

उल्टे, प्रधानमंत्री ने अपने फॉलो किए जाने वाले 150 हैंडल से संबंधित व्यक्तियों को 1 जुलाई 2015 को अपने सरकारी आवास 7 रेसकोर्स रोड (अब लोक कल्याण मार्ग) पर डिजिटल संपर्क नामक एक मेल-मिलाप कार्यक्रम में आमंत्रित किया। इस अध्याय में उल्लिखित अनेक उत्पीड़कों ने अगले दिन प्रधानमंत्री के साथ अपनी तस्वीरें ट्वीट कीं और उन्हें डिस्प्ले पिक्चर्स के रूप में लगाया। इस सोशल मीडिया मेल-मिलाप कार्यक्रम का आयोजन भाजपा आईटी प्रकोष्ठ के अध्यक्ष अरविंद गुप्ता ने किया था, जो 'योद्धाओं' को चुनते हैं। भाजपा और सरकार के मंत्री औपचारिक रूप से उनका इसी नाम से उल्लेख करते हैं।

प्रधानमंत्री मोदी के ट्रोल्स को जानें

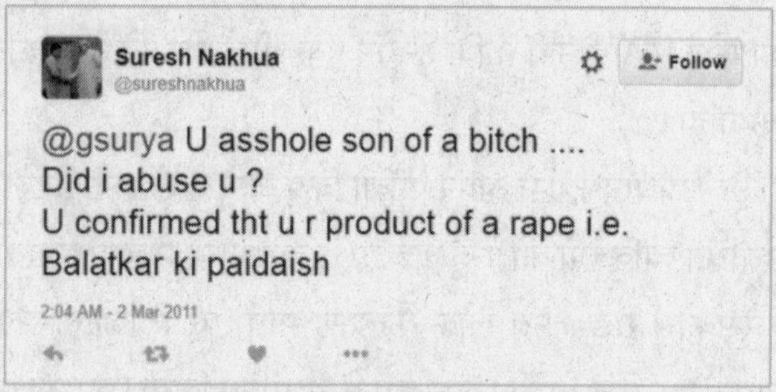

सुरेश नाखुआ का प्रोफाइल और कांग्रेस समर्थक जी। सूर्या के नाम उनका ट्वीट

'सौभाग्यशाली हूं कि प्रधानमंत्री मोदी फॉलो करते हैं'

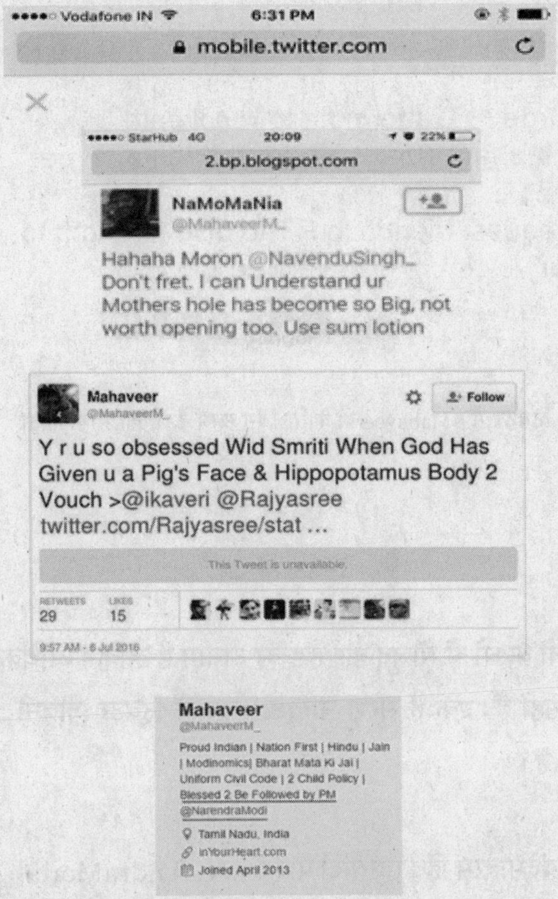

एक अन्य कुख्यात उत्पीड़क @MahaveerMके ट्वीट के स्क्रीनशॉट

Giriraj Singh
@girirajsinghbjp
Follow

I urge @TwitterIndia to reactivate @mahaveerm_ ...#IStandWithMahaveer

I request friends to RT to give strength to our voice ..

RETWEETS 938 FAVORITES 354

ट्विटर से @MahaveerM के निलंबन खत्म करने की मांग करता गिरिराज सिंह का ट्वीट

सवालों के घेरे में मौजूद कई हैंडल्स अनाम हैं लेकिन अधिकतर ऐसा नहीं हैं। एक हैं सुरेश नाखुआ, उनकी ट्विटर जीवनी इस प्रकार है:

> वंदेमातरम हिंदू राष्ट्रवादी पीएम @NarendraModi मुझे फॉलो करते हैं – *इंडिया टुडे* द्वारा सितंबर 14 में ब्लॉक किया गया। ट्विटर द्वारा सितंबर 14 में 24 घंटे के लिए निलंबित। थोक व्यापारी (दालें).

उनकी प्रोफाइल में मोदी से हाथ मिलाते हुए उनकी एक तस्वीर है, और उन्होंने महाराष्ट्र के मुख्यमंत्री देवेन्द्र फडनवीस के साथ अपनी तस्वीरें भी ट्वीट की हैं। प्रधानमंत्री मोदी और फडनवीस के साथ अपने डिस्प्ले पिक्चर्स में वह काले घुंघराले बालों वाला एक मोटे पुरुष नजर आते हैं जो उम्र के चौथे दशक के उत्तरार्ध में होगा। वह इस तरह के संदेश ट्वीट करते हैं:

> यू ऐस्होल सन ऑफ बिच....क्या मैंने तुम्हारे साथ दुर्व्यवहार किया? तुमने साबित कर दिया कि तुम रेप से पैदा हुए हो यानी बलात्कार की पैदाईश

महावीर, @MahaveerM, एक अन्य कुख्यात गाली-गलौज करने वाले का नाम है, वह भी 'पीएम द्वारा फॉलो किए जाने वाले सौभाग्यशाली' हैं। नाखुआ की तरह उन्हें भी घटिया बातों के लिए ट्विटर कुछ समय के लिए निलंबित कर चुका है। 'आप' समर्थक नवेंदु सिंह के नाम 16 अगस्त 2016 के उनके ट्वीट का नमूना:

> हाहा मूरख @NavenduSingh_ चिढ़ो मत। मैं समझ सकता हूं तुम्हारी मां का छेद इतना बड़ा हो चुका है कि उसे खोलने की भी जरूरत नहीं। कोई लोशन लगाओ।

दक्षिणपंथी ट्रोल्स ने उनके ट्विटर निलंबन को समाप्त कराने के लिए

'मैं महावीर के साथ हूं' अभियान चलाया था जिसकी कमान केंद्रीय मंत्री गिरिराज सिंह ने संभाली जो स्वयं महावीर को फॉलो करते हैं।

ट्विटर अंततः झुक गया। बिना पश्चाताप के महावीर अब भी धर्मांधता फैला रहे हैं। उन्होंने हाल ही में ट्वीट किया:

> नागरिक इखलाक भीड़ के हाथों मारा गया 45 लाख/4 फ्लैट/नौकरी! पुलिसकर्मी संतोष भीड़ के हाथों मरा 20 लाख! पैसा आपके धर्म पर निर्भर करता है।

महावीर दादरी के मोहम्मद अखलाक के बारे में ट्वीट कर रहे थे यह दावा करते हुए कि उसके परिवार को दंगे में मारे गए पुलिसकर्मी के मुकाबले बहुत ज़्यादा मुआवजा दिया गया। महावीर के हैंडल से मारे गए पुलिसकर्मी की भयावह तस्वीरें भी ट्वीट की गईं। उल्लेखनीय है कि अखलाक को 2015 में दादरी में कथित तौर पर गोमांस खाने के आरोप में भीड़ ने पीट-पीटकर मार डाला था – बाद में पता चला कि मांस बकरे का था।

लेखिका शोभा डे ने 3 जून 2014 को भाजपा नेता और मंत्री गोपीनाथ मुंडे के निधन पर अपनी शोक संवेदना को ट्वीट किया:

> बुरी खबर मुंडे के निधन की। कितना दुखद **RIP**। परिवार के बुरे दिन आ गए। गहरी संवेदना।

आपको लगेगा कि यह एक लोकप्रिय नेता के निधन पर सीधा-सादा बयान है, वो भी भाजपा के नेता के बारे में। लेकिन राहुल राज @bhak_sala (प्रस्तावना देखें) ने यह प्रतिक्रिया दी:

> हाय @DeShobhaa मैं तुम्हारा दर्द समझता हूं। लगता है तुमने कई दिनों से सेक्स नहीं किया है। इतना निराश मत हो।

मोदी उसे फॉलो करते हैं और वर्षों से कर रहे हैं। जैसाकि पहले बताया गया है, राज नोवार्टिस में काम करते हैं और दक्षिणपंथी प्रोपगंडा वेबसाइट ओपइंडिया चलाते हैं।

ऐसा नहीं है कि ऐसे ट्वीट कभी-कभार किए जाते हैं। आमतौर पर ऐसे हैंडल्स लगातार नफरत फैलाने वाले ट्वीट और साजिशों की कहानियां पोस्ट करते रहते हैं और पत्रकारों को बदनाम करते रहते हैं। उनके रोज़ के ट्विटर संदेशों में करीब 90 प्रतिशत यही सब होता है।

पत्रकारों पर हमले और उनसे यौन दुर्व्यवहार करने के अलावा इस कोटि के अधिकांश हैंडल्स लगातार सांप्रदायिक बयान भी ट्वीट करते रहते हैं। मुस्लिम हिंसा के ग्राफिक चित्र पोस्ट किए जाते हैं, साथ ही

गोवध की खूनी तस्वीरें भी – आमतौर पर इन्हें पाकिस्तान और बांग्लादेश की फुटेज से लिया जाता है और ऑडियो दबाकर इन्हें भारतीय के रूप में पेश किया जाता है।

समय-समय पर दक्षिणपंथियों से सहानुभूति रखने वाली प्रसिद्ध शख्सियतें भी इस कोरस में शामिल हो जाती हैं। इनमें से एक हैं शिक्षाविद और एक्टिविस्ट मधु किश्वर जिनके प्रधानमंत्री मोदी समेत 576,000 फॉलोअर्स हैं। जब एक पाकिस्तानी वीडियो को भारतीय बताकर प्रचारित करने पर विभिन्न पत्रकारों और सोशल मीडिया यूजर्स ने उन्हें चुनौती दी तो उन्होंने मात्र इतना कहा कि वीडियो उन्हें वाट्सएप पर भेजा गया था, लेकिन उन्होंने उसे हटाया नहीं। हालांकि अधिकांश मामलों में जब किसी तस्वीर या वीडियो की सच्चाई को चुनौती दी जाती है, तो उसे तत्काल हटा लिया जाता है। इस तरह के पोस्ट हंगामा खड़ा करने को लक्षित होते हैं और अक्सर एक हैशटैग अभियान से जुड़े होते हैं जिसके तहत बड़ी संख्या में अनाम ट्विटर हैंडल उस ट्वीट को लगातार तब तक रिट्वीट करते हैं जब तक कि मुद्दा विशेष ट्रेंड नहीं करने लगे। इसका एक उदाहरण है #whataboutMalda है, जो बंगाल के मालदा जिले में एक पुलिस स्टेशन पर मुसलमानों के हमले से संबंधित है, जिसमें इशारा किया गया है कि 2016 के पश्चिम बंगाल विधानसभा चुनावों के दौरान मीडिया ने इस घटना को कथित तौर पर दबाया था।

'सत्यसाधक ट्रुथ सीकर'@RituRathaur ने, जोकि एक भाजपा

कार्यकर्ता हैं और जिनके 594,000 फॉलोअर्स हैं, एक उकसाने वाली तस्वीर को ट्वीट किया जिसमें मोहम्मद अखलाक़ पर हमले के बाद कथित रूप से गाय के तस्करों द्वारा उत्तर प्रदेश के एक पुलिसकर्मी को कुचले जाने का चित्रण है। कई पत्रकारों ने उत्तर प्रदेश के मुख्यमंत्री अखिलेश यादव को इस बारे में बताया जिन्होंने तत्काल राज्य पुलिस से उसके खिलाफ सांप्रदायिक उत्तेजना फैलाने के आरोप में एफआईआर दर्ज करवाया। राज्य सरकार ने तुरंत एक स्पष्टीकरण भी ट्वीट किया कि तस्वीर भ्रामक है और पुलिसकर्मी की मौत 'बजरी से लदे ट्रक को रोकने के प्रयास' में हुई।

अरविंद गुप्ता ने मुझसे बातचीत में इस बात से इन्कार किया कि रितु राठौर का भाजपा की सोशल मीडिया टीम से कोई भी वास्ता है। फिर भी कुछ ही घंटों के भीतर, उन्होंने #IstandWithRituRathaur ट्वीट कर उसे 'हमारे सोशल मीडिया स्वयंसेवकों' में से एक बताया। यह हैशटैग दक्षिणपंथी समर्थकों ने उत्तर प्रदेश सरकार और ट्विटर पर दबाव डालने के लिए शुरू किया था कि वे रितु के खिलाफ कार्रवाई नहीं करें। अरविंद गुप्ता के ट्वीट को तत्काल 320 बार रीट्वीट किया जा चुका था। राठौर की टाईमलाइन पर सरसरी निगाह डालने से मालूम चलता है कि वह गोवध के रक्तरंजित वीडियो और बंगाल के टुकटुकी मंडल प्रकरण समेत लव जिहाद की काल्पनिक घटनाओं के बारे में नियमित रूप से ट्वीट करती हैं।

@RituRathaurके समर्थन में भाजपा के सोशल मीडिया प्रकोष्ठ के प्रमुख अरविंद गुप्ता के ट्वीट

कई बार ऑनलाइन दुर्व्यवहार असल जिंदगी तक पहुंच जाता है – वो भी अनपेक्षित तरीके से।

7 सितंबर 2016 को नरेन्द्र मोदी आर्मी ब्रिगेड के संस्थापक टीनू जैन को ग्वालियर, मध्यप्रदेश में सेक्स रैकेट चलाने के आरोप में गिरफ्तार किया गया। प्रधानमंत्री मोदी ट्विटर पर टीनू को फॉलो करते हैं और उन्होंने अनिवार्य बन चुकी पीएम के साथ अपनी डिस्प्ले पिक्चर लगा रखी है। पुलिस ने उन्हें एक स्पा से 'आपत्तिजनक अवस्था' में गिरफ्तार

किया। इसपर 'आप' ने बिना देर किए #NamoSexArmy हैशटैग शुरू कर दिया जो कई घंटों तक ट्रेंड करता रहा। विडंबना ही कहेंगे कि गिरफ्तारी से पहले अपने अंतिम ट्वीट में इस भक्त ने कहा था 'जैसा भी हूं मैं आपके सामने खड़ा हूं मेरे पास छुपाने को कुछ नहीं है'.

एक प्रीति गांधी हैं, जो @MrsGandhiके नाम से ट्वीट करती हैं और उनके प्रोफाइल में मोदी के साथ तीन तस्वीरें हैं। वह अपने 'नाथूराम गोडसे का बड़ा प्रशंसक' होने की बात ट्वीट कर चुकी हैं। वह यौन उत्पीड़न और दुर्व्यवहार का सामना करने वाली महिलाओं का मजाक उड़ाती हैं और उन पर 'ध्यान खींचने वाली' होने का आरोप लगाते हुए कहती हैं कि 'अगर वे आग का सामना नहीं कर सकतीं तो उन्हें किचन से निकल जाना चाहिए'. गांधी को 2014 के आम चुनाव से पहले विकिलीक्स के जूलियन असांज द्वारा मोदी का समर्थन किए जाने का फर्जी ट्वीट पोस्ट करने के आरोप में भाजपा से निष्कासित कर दिया गया था। समर्थन की बात से असांज के इन्कार करने पर भाजपा की काफी किरकिरी हुई थी। भाजपा नेता और वर्तमान में सांसद मीनाक्षी लेखी ने राष्ट्रीय टेलीविजन पर सबके सामने गांधी से किनारा किया और स्पष्ट किया कि इस मामले में भाजपा का गांधी से कोई लेनादेना नहीं है। लेकिन विवाद शांत होते ही चुपके से पार्टी में उन्हें वापस ले लिया गया। इस समय वह पार्टी की महिला इकाई भाजपा महिला मोर्चा की राष्ट्रीय कार्यकारिणी की सदस्य हैं।

ऑनलाइन उत्पीड़न कई बार वास्तविक हिंसा का कारण बनता है। तजिन्दरपाल सिंह बग्गा @TajinderBagga खुद को एक 'स्वयंसेवक, संपादक @theNaMoPatrika, संयोजक @BSKS_India [BhagatSingh Kranti Sena] और @ModiFyingIndia, पूर्व राष्ट्रीय कार्यकारिणी सदस्य, भाजपा युवा' बताते हैं। अक्टूबर 2011 में वह वकील और एक्टिविस्ट प्रशांत भूषण के कार्यालय में एक अन्य व्यक्ति के साथ जबरन घुसकर उनपर हमला करते हैं। भूषण ने यह सुनिश्चित करने के लिए कश्मीर में जनमत संग्रह कराने का खुलेआम समर्थन किया था कि स्थानीय लोग आंतरिक सुरक्षा की जिम्मेवारी सेना के पास रहने देना चाहते हैं या नहीं। बग्गा के खिलाफ एक एफआईआर तो दर्ज हुआ लेकिन उसपर आगे कोई कार्रवाई नहीं हुई।

कई मौकों पर मोदी की ऑनलाइन सेना उनकी खुद की पार्टी के सदस्यों को भी निशाना बनाती है। मीनाक्षी लेखी को ट्विटर पर घोषित भाजपा समर्थकों ने इसलिए तंग किया कि उन्होंने अपने चुनाव क्षेत्र में बरखा दत्त के साथ मंच साझा किया था। परेशान लेखी ने मोदी द्वारा फॉलो किए जा रहे कई हैंडल्स को सार्वजनिक रूप से 'मूर्ख' और 'लॉबीस्ट' करार दिया।

जब मेनका गांधी ने महिला एवं बाल विकास मंत्री के रूप में #IAmTrolledHelp नामक हेल्पलाइन स्थापित कर अनवरत जारी साइबर दादागिरी और महिलाओं के खिलाफ हिंसा को रोकने की

कोशिश की तो दक्षिणपंथी ट्रोल्स आगबबूला हो गए। प्रधानमंत्री मोदी द्वारा फॉलो किए जा रहे हैंडल्स तक उन्हें ट्रोल करने लगे। गांधी पर अभिव्यक्ति की स्वतंत्रता को रोकने की कोशिश करने का आरोप लगाया गया और उन्हें जल्दी से स्पष्टीकरण देना पड़ा कि वह सिर्फ शिकायतों पर गौर करेगी, सोशल मीडिया को मॉनिटर नहीं करेगी।

अभिजीत से मेरी नोंकझोंक के चार दिन बाद आजतक को इंटरव्यू में गांधी ने कहा कि वह हेल्पलाइन स्थापित कर रही हैं क्योंकि 'उस गायक के ट्वीट बिल्कुल ही अस्वीकार्य थे'. उन्होंने ट्विटर के अधिकारियों के साथ एक बैठक भी बुलाई। आज भी उनका मंत्रालय कुछ शिकायतों पर काम कर रहा है, लेकिन मैं बताना चाहूंगी कि परिणाम शून्य ही रहा है।

इस प्रकरण का एक हास्यपूर्ण साइड इफेक्ट भी रहा जब कुछ ट्रोल्स ने सार्वजनिक रूप से अपनी पहचान को जाहिर कर दिया। उदाहरण के लिए @rishibagree ने – ज़ो मोदी द्वारा फॉलो किए जाते हैं – भाजपा अध्यक्ष अमित शाह से एक कातर अपील करते हुए ट्वीट किया:

> हम भाजपा के लिए सोशल मीडिया पर 6 से 8 घंटे बिताते हैं अपना स्वास्थ्य चौपट करते हैं अपने परिवारों को समय नहीं देते हैं सिर्फ इसलिए कि मेनका हमपर हमले करे।

एक अन्य अनाम हैंडल ने प्रधानमंत्री को टैग करते हुए ट्वीट किया:

यह आपके ऑनलाइन सपोर्ट बेस पर हमला है।

लेकिन कोई नेता या पार्टी ऐसे सपोर्ट बेस की कामना क्यों करे जो महिलाओं के खिलाफ हिंसक धमकियां देता हो, जान से मारने की धमकियां देता हो और सांप्रदायिक अफवाहें फैलाता हो?

मोदी के ट्रोल्स के कुछ और पोस्ट

(बायें) प्रधानमंत्री मोदी के हाथों सम्मानित होता एक ट्विटर ट्रोल और (दायें) गाली वाले ट्वीट के नमूने

'सौभाग्यशाली हूं कि प्रधानमंत्री मोदी फॉलो करते हैं'

{पूर्व अभिनेत्री गुल पनाग की फोटोशॉप की हुई, लैंगिक उत्पीड़न करती एक तस्वीर जिसे उनके आम आदमी पार्टी ज्वाइन करने पर भाजपा के एक हैंडल ने ट्वीट किया}

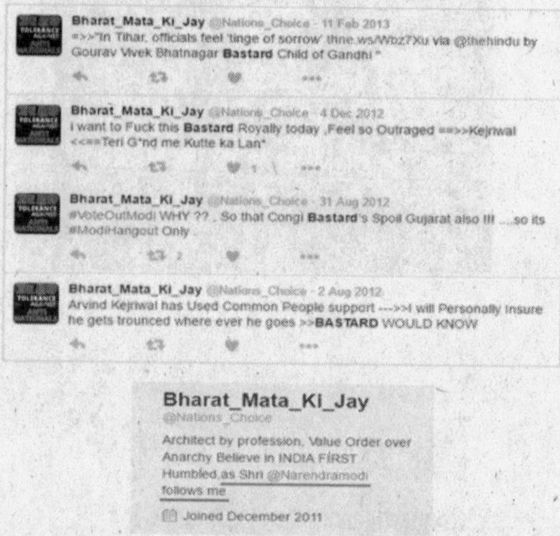
Bharat_Mata_Ki_Jay @Nations_Choice · 11 Feb 2013
=>>"In Tihar, officials feel 'tinge of sorrow' thne.ws/Wbz7Xu via @thehindu by Gourav Vivek Bhatnagar **Bastard** Child of Gandhi "

Bharat_Mata_Ki_Jay @Nations_Choice · 4 Dec 2012
I want to Fuck this **Bastard** Royally today ,Feel so Outraged ==>>Kejriwal <<==Teri G*nd me Kutte ka Lan*

Bharat_Mata_Ki_Jay @Nations_Choice · 31 Aug 2012
#VoteOutModi WHY ?? . So that Congi **Bastard**'s Spoil Gujarat also !!! ....so its #ModiHangout Only .

Bharat_Mata_Ki_Jay @Nations_Choice · 2 Aug 2012
Arvind Kejriwal has Used Common People support --->>I will Personally insure he gets trounced where ever he goes >>**BASTARD** WOULD KNOW

Bharat_Mata_Ki_Jay
@Nations_Choice
Architect by profession, Value Order over Anarchy Believe in INDIA FIRST Humbled as Shri @Narendramodi follows me
Joined December 2011

{प्रधानमंत्री मोदी द्वारा फॉलो किए जाने से 'विनम्र' बने Bharat_Mata_Ki_Jay के गालियों वाले ट्वीट}

ActIndia-BharatFirst @actindia
Follow

@Sinvin43 @BDUTT Barkha Dutt has been a superior prostitute,slept with each n every powerful of India.I have tagged her,for she cant refute.

3:30 PM - 29 Apr 2013

ActIndia-BharatFirst
@actindia
Advance Country's Triumph-Aid Commerce & Trade. #3E Envision Future,Energize Men,Empower. #SwamiVivekananda #SafetyFirst #IndiaFirst + #WeCan PM Modi Ji Follows
India- Bharat-Hindustan
actindiainitiative.wordpress.com
Joined April 2009

(प्रधानमंत्री नरेन्द्र मोदी द्वारा फॉलो किए जा रहे एक ट्विटर हैंडल से वरिष्ठ पत्रकार बरखा दत्त के लिए गालियां)

राहुल रौशन भी, जिन्हें ट्विटर से सत्यापित किए जाने का ब्लू टिक मिला हुआ है, उन लोगों में से हैं, जिन्हें प्रधानमंत्री मोदी फॉलो करते हैं। वह स्वराज्य मीडिया समूह के मुख्य रणनीति अधिकारी हैं, जोकि ओपइंडिया भी निकालता है।

मध्यप्रदेश पुलिस ने 31 अक्टूबर 2016 को एक मुठभेड़ में आठ विचाराधीन कैदियों को मार डाला यानी न्यायेतर हत्याएं हुईं। इससे संबंधित वीडियो और ऑडियो सामने आए हैं जिनसे साबित होता है कैदियों की जघन्य हत्या की गई।

पत्रकार रौशन बिना उचित प्रक्रिया के विचाराधीन कैदियों को 'मार डालने' की मांग करते हैं और यह भी कहते हैं कि सरकार को संदिग्धों की गिरफ्तारी की चिंता नहीं करनी चाहिए बल्कि उनकी 'जघन्य हत्या' कर देनी चाहिए। जघन्य हत्या की मांग करने वाले ट्वीट को हजार बार से ज़्यादा रीट्वीट किया गया। उनके 56,200 फॉलोअर्स हैं। अपनी ट्विटर जीवनी के अनुसार वह मुंबई में रहते हैं। रौशन ने यह ट्वीट करते हुए एक अन्य हैंडल के साथ दुर्व्यवहार भी किया: 'जाहिर है मैं आतंकवादियों की जघन्य हत्या का समर्थन करता हूं.' आठ विचाराधीन कैदी, जिनकी मुठभेड़ हुई, किसी अपराध के दोषी नहीं थे और उनमें से दो रिहा किए जाने वाले थे।

प्रधानमंत्री मोदी द्वारा फॉलो किए जाने वाले शीर्ष ट्रोल्स की सूची के लिए परिशिष्ट एक देखें।

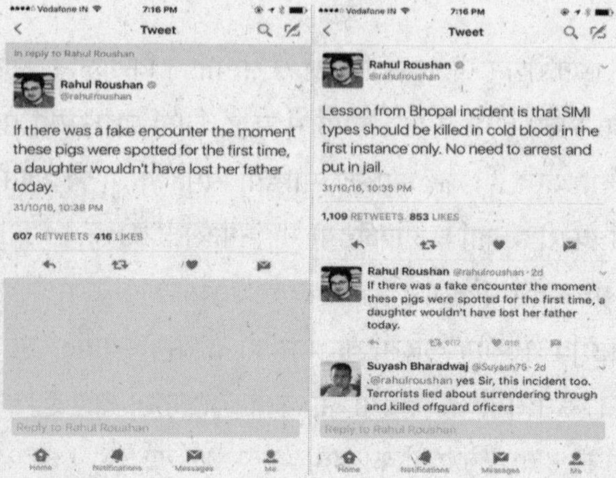

{सत्यापित ट्विटर यूजर और स्वराज्य मीडिया समूह के मुख्य रणनीति अधिकारी राहुल रौशन के ट्वीट}

ट्रिकल-डाउन इफेक्ट

ट्विटर पर अभद्रता करने वालों को प्रधानमंत्री मोदी द्वारा फॉलो किए जाने का ट्रिकल-डाउन इफेक्ट उनके मंत्रियों के अशिष्ट बयानों में दिख जाता है। और ऐसा करने वाले सिर्फ वी। के। सिंह और दयाशंकर सिंह ही नहीं हैं।

गिरिराज सिंह हमेशा ही पत्रकारों को पाकिस्तान जाने की नसीहत देते रहते हैं और बार-बार ऐसे किसी भी व्यक्ति को बरनोल लगाने की सलाह देते हैं जो भाजपा से सहमत नहीं हो। बरनोल जले पर लगाने का लोकप्रिय मलहम है। एबीपी न्यूज़ के अभिसार शर्मा नियमित रूप से सिंह के हमले का निशाना बनते हैं। 'अवार्ड वापसी' का हिस्सा बने पत्रकार और लेखक भी उनका निशाना बने, उन्हें भी पाकिस्तान जाने को कहा गया।

भाजपा के अनिल विज हरियाणा के खेल मंत्री हैं जिन्होंने 2016 के रियो ओलंपिक खेलों में मौज-मस्ती के लिए गए एक बड़े दल की अगुवाई की थी। एक सत्यापित ट्विटर हैंडल से 2 सितंबर को उन्होंने ट्वीट किया: 'कुछ बदबूदार कुत्ते बार-बार लिख रहे हैं कि हम रियो के लिए टिकट खरीदना भूल गए, जोकि सही नहीं है.' विज न सिर्फ पत्रकारों को गाली देते हुए ट्रोल्स के सुर में सुर मिला रहे थे बल्कि इस ट्वीट को प्रोमोट भी किया गया, यानी पैसे देकर इसे ट्विटर के भीतर प्रचारित किया गया।

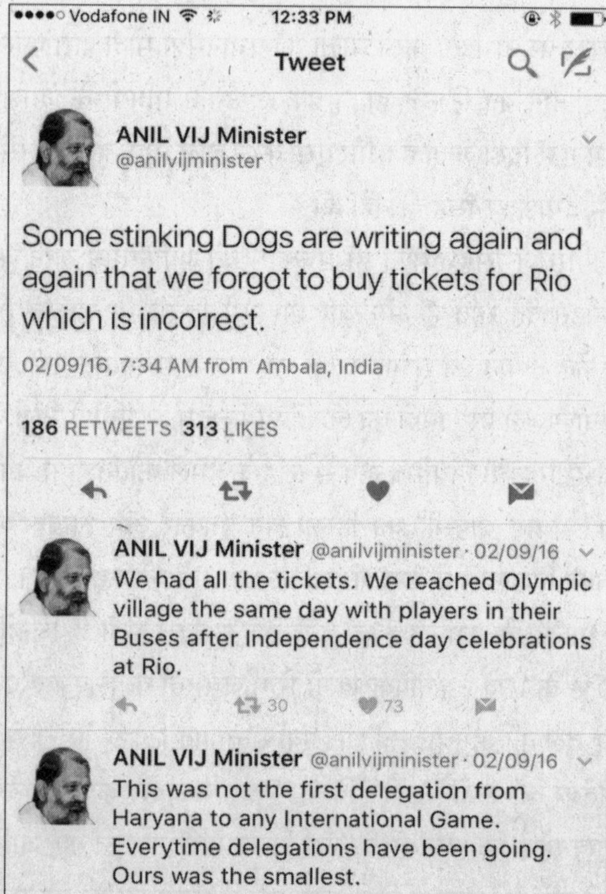

{हरियाणा के खेल मंत्री अनिल विज ने पत्रकारों को 'बदबूदार कुत्ते' कहा}

'सौभाग्यशाली हूं कि प्रधानमंत्री मोदी फॉलो करते हैं'

पूर्व मानव संसाधन विकास मंत्री स्मृति ईरानी हाल तक ट्विटर पर अपनी रोजाना की नोंकझोंक के लिए जानी जाती थीं। बिहार के शिक्षा मंत्री डॉ. अशोक चौधरी से ट्विटर पर उनकी लड़ाई देखकर लोग भौंचक्के रह गए। चौधरी ने उन्हें 'डियर स्मृति जी' संबोधित किया था। विवाद की शुरुआत तब हुई जब चौधरी ने बिहार के लिए शिक्षा कोष के बारे में पूछा और अहानिकर लगते 'डियर' उपसर्ग का इस्तेमाल किया। ईरानी ने इस शब्द पर आपत्ति की और चौधरी से सवाल किया कि वह उन्हें इस प्रकार संबोधित करने की हिम्मत कैसे कर सकते हैं।

ईरानी के जेएनयू छात्र नेता विवाद के दौरान बरखा दत्त को 'झूठी' करार देने से ट्रोल्स समुदाय उन्मत होकर नाच उठा। वह पत्रकारों को नियमित रूप से बड़ी ही अशिष्टता से निशाना बनाती रही हैं। सर्वाधिक गंभीर प्रकरण वह है जिसमें कांग्रेस की एक जूनियर प्रवक्ता प्रियंका चतुर्वेदी को सोशल मीडिया पर निर्भया की तरह बलात्कार की धमकी दी गई है क्योंकि उन्होंने गुड्स एंड सर्विसेज टैक्स (जीएसटी) पर अपने विचार साझा किए थे। भाजपा तब जीएसटी को संसद में पेश करने का प्रयास कर रही थी। एक महिला की मुसीबत की पूरी तरह उपेक्षा करते हुए ईरानी ने जानना चाहा कि चतुर्वेदी क्यों अपनी सुरक्षा को लेकर परेशान हैं। ईरानी ने एनडीटीवी को दिए एक इंटरव्यू में दावा किया कि उन्होंने

चतुर्वेदी पर हमला कर उनके लड़खड़ाते करियर में नई जान डाल दी है।

जो बात कभी सामने नहीं आई वो यह कि क्या यह ट्रोलिंग संगठित तरीके से संचालित है, या क्या ट्रोल्स आधिकारिक रूप से पार्टी से जुड़े हैं या अराजक और उत्साही प्रशंसकों की भीड़ मात्र हैं। आगे के अध्यायों में कुछ ट्रोल्स और भाजपा की सोशल मीडिया टीम का एक पूर्व सदस्य पहली बार पार्टी के डिजिटल प्रकोष्ठ की कार्य प्रणाली के बारे में आंखोंदेखी बात बताएंगे।

आधिकारिक रूप से प्रधानमंत्री मोदी ने इस विषय में हमेशा चुप्पी बनाए रखी है। भाजपा के वरिष्ठ नेता और वित्त मंत्री अरुण जेटली ने कहा है कि व्यक्तिगत रूप से वह भाजपा समर्थकों की भयावह ट्रोलिंग में यकीन नहीं करते, लेकिन सरकार इस बारे में कुछ नहीं कर सकती है। ऑनलाइन क्रूरता से खुद को अलग रखने के लिए भाजपा के कई नेता इस तरह का रुख अपनाते हैं। फिर भी यह तो स्पष्ट है कि पार्टी के कुछ पदाधिकारियों – अरविंद गुप्ता, गिरिराज सिंह और प्रीति गांधी – ने सार्वजनिक रूप से ट्रोल्स का समर्थन किया है, वहीं प्रधानमंत्री ने स्वयं कई कसूरवारों को फॉलो करना जारी रखा है।

यहां यह उल्लेखनीय है कि प्रधानमंत्री मोदी की कैबिनेट के तीन सदस्यों ने सोशल मीडिया का अभिनव और प्रभावी रीयल-

टाइम उपयोग किया है। विदेश मंत्री सुषमा स्वराज दुनिया भर में संकट में फंसे भारतीयों की प्रार्थना पर कदम उठाती हैं। विषय कुछ भी हो सकते हैं – संघर्ष वाले इलाकों में फंसे नागरिकों के सवाल, पासपोर्ट से जुड़ी समस्याएं या गुम हुए दस्तावेज। उन्होंने अपनी एक नई छवि और समर्थकों का आधार तैयार किया है। उनकी हाजिरजवाबी और हास्यबोध की झलक तब मिली जब उन्होंने एक यूजर से कहा कि वह मुसीबत में घिरे भारतीयों की मदद करने में इतनी व्यस्त हैं कि रेफ्रिजेरेटर संबंधी उसकी शिकायत को दूर नहीं कर सकतीं। स्वराज के ट्विटर अवतार को भाजपा के आलोचकों तक की सराहना मिली है। रेलवे सेवाओं संबंधी रीयल-टाइम सहायता उपलब्ध कराने का प्रयास करके और #IAmTrolledHelp हेल्पलाइन स्थापित करके क्रमश: सुरेश प्रभु और मेनका गांधी ने नागरिकों की सहायता के लिए ट्विटर का इस्तेमाल किया है।

इस बात को स्वीकार किया जाना चाहिए कि नफरत भरी बातों की वैश्विक ऑनलाइन संस्कृति हर क्षेत्र में पांव पसार चुकी है। भारत की ट्रोल संस्कृति को इसी संदर्भ में देखा जा सकता है। आप के सदस्य भी 'मोदी और माधुरी' और 'मोदी का जासूसी कांड' जैसे विषयों को अक्सर ट्रेंड करा कर घटिया बातों को प्रसारित करने में अपनी भूमिका निभाते हैं। हालांकि वे जान से मारने और

बलात्कार करने की धमकी नहीं देते और भड़काऊ वीडियो और तस्वीर शेयर नहीं करते।

आप के आईटी और इनोवेशन प्रमुख अंकित लाल ने मुझे बताया कि सोशल मीडिया पर आप के समर्थक भाड़े के नहीं हैं, बल्कि स्वयंसेवक मात्र हैं। उन्होंने कहा कि उनकी पार्टी यौन उत्पीड़न को महिला पत्रकारों के खिलाफ हथियार के रूप में इस्तेमाल करने पर यकीन नहीं करती। इसके बावजूद पार्टी या उसके नेता अरविंद केजरीवाल की आलोचना पर आप को पत्रकारों के खिलाफ आक्रामक होने में देर नहीं लगती है। हाल का ही एक उदाहरण है जब खुद केजरीवाल ने *इंडियन एक्सप्रेस* के पूर्व संपादक शेखर गुप्ता पर कांग्रेस का दलाल होने और अब मोदी की दलाली कर पत्रकारिता को बदनाम करने का आरोप लगाया। गुप्ता ने दिल्ली में मलेरिया से हुई एक मौत का जिक्र भर किया था।

फिर भी कोई संदेह नहीं कि भारत की ऑनलाइन राजनीतिक बहस में दक्षिणपंथी लोग हावी हैं और दूसरों के मुकाबले कहीं ज़्यादा घटियापन और हिंसा अपनाते हैं। संबंधित मंत्रियों और अधिकारियों द्वारा प्रयुक्त भाषा बिल्कुल अनुपयुक्त होने के साथ-साथ बहुत चिंताजनक भी है। लेकिन ज़्यादा चिंता इस बात के राजनीतिक नतीजे को लेकर होती है जब समर्थकों की अशिष्ट

{बुरहान वानी के जनाजे के बाद किया गया ट्वीट जिसमें 20 हजार कश्मीरियों के जनसंहार का आह्वान है}

बातें और आधिकारिक बयान आपस में घुल-मिल जाते हैं।

उदाहरण के लिए बुरहान वानी की मौत के बाद कश्मीर में विरोध प्रदर्शनों के दौरान पैलेट गन की फायरिंग में लोगों के आंखें गंवाने की घटनाओं पर ट्विटर पर आई दुर्भावनापूर्ण प्रतिक्रियाओं का ही उदाहरण लें। इसी के साथ सोशल मीडिया पर कश्मीरियों के जनसंहार का आह्वान आया। 80,000 फॉलोअर्स – प्रधानमंत्री मोदी समेत – वाले @ggiittiikkaa नामक हैंडल ने वानी के जनाजे की तस्वीर ट्वीट करते हुई टिप्पणी की:

आतंकवादी बुरहान के अंतिम संस्कार में 20 हजार लोग शामिल हुए। एक बम गिरा कर इन 20 हजार सूअरों को स्थायी आजादी दे दी जानी चाहिए थी।

कश्मीरियों के जनसंहार के इस आहवान को 1184 बार रीट्वीट और 1086 बार लाईक किया गया।

एबीपी न्यूज़ के संपादक अभिसार शर्मा ने, जो खुद को दक्षिणपंथी यूजर्स के संगठित ट्रोलिंग का शिकार बताते हैं, सवाल किया, 'भाजपा जम्मू-कश्मीर में गठबंधन सरकार में शामिल है। क्या पीएम को सच में उन हैंडल्स को फॉलो करना चाहिए जो भारत के सर्वाधिक संवेदनशील राज्य में एक जनाजे में शामिल लोगों का जनसंहार देखना चाहते हैं.'

अपने और परिजनों के साथ लगातार हुए दुर्व्यवहार के बाद

ट्विटर को लगभग छोड़ चुके शर्मा कहते हैं, 'मुझे लगता है कि सत्तारूढ़ दल का सोशल मीडिया विंग ट्रोलिंग में शामिल है और मोदी सरकार से असहज सवाल पूछने की हिम्मत करने वाले उदारवादियों के साथ दुर्व्यवहार करता है। मुझे लगता है यह सब संगठित तरीके से हो रहा है। जब मैं देखता हूं कि गिरिराज सिंह जैसे मंत्री दुर्व्यवहार करने वाले हैंडल्स का साथ देते हैं और ऐसे हैंडल्स का निलंबन खत्म कराने की मांग करने की अपील करते हैं, तो मैं और क्या निष्कर्ष निकाल सकता हूं?

'इन मुद्दों पर पीएम की चुप्पी का परिणाम अब दलितों और मुसलमानों पर खौफनाक हमलों के रूप में सामने आया है। दैत्य उनकी पकड़ से छूट चुका लगता है। यह स्थिति बाहरी ताकतों को अल्पसंख्यकों की सुरक्षा को लेकर दुष्प्रचार करने का आदर्श माहौल उपलब्ध कराती है। क्या हम वास्तव में ऐसा ही चाहते हैं?'

शर्मा कश्मीरियों के जनसंहार के आहवान वाले ट्वीट का उदाहरण देते हैं जो पाकिस्तान में वायरल हो गया और जिसने वहां भारतविरोधी भावनाओं को मजबूत करने में बड़ा योगदान दिया।

कश्मीरी आईएएस टॉपर शाह फैसल का पीड़ा के साथ यह कहना कि 'स्टूडियो सड़क का प्रतिबिंब' बन गए हैं और झूठी

वास्तविकताएं गढ़ रहे हैं, दर्शाता है कि बहस कितने ध्रुवीकृत हो चुके हैं। जब जुलाई 2016 में फैसल का बेचैनीभरा आलेख फेसबुक से लेकर *इंडियन एक्सप्रेस* में छापा गया, जैसा कि आशंका थी, अशोक पंडित जैसे पार्टी के वफादारों ने उन्हें देशद्रोही और आतंकवादी करार देने में देर नहीं लगाई। अशोक पंडित को मोदी सरकार ने केंद्रीय फिल्म प्रमाणन बोर्ड में शामिल किया है।

एक आईएएस अधिकारी के रूप में सेवा आचार संहिता से बंधे फैसल को भारत सरकार की अनुमति के बिना जवाब देने का कोई अधिकार नहीं है। उसी महीने सरकार ने कार्मिक और प्रशिक्षण विभाग के नियम बदल दिए। अभी तक यही कहा जाता था कि सरकार से अनुमति लिए बिना कोई अधिकारी मीडिया में नहीं लिख सकता है। अब सोशल मीडिया को भी इस दायरे में ले लिया गया है।

पूर्व भाजपा मंत्री, पूर्व पार्टी सदस्य और मोदी के कटु आलोचक अरुण शौरी ने मुझे दिए इंटरव्यू में इनमें से कुछ चिंताओं को बढ़िया से पेश किया। 'उन्हें फॉलो करके मोदी संदेश दे रहे हैं: मैं इसे फॉलो कर रहा हूं। यदि आप इसे फॉलो कर रहे हैं तो आप इसे बढ़ावा दे रहे हैं। आगे मुझे बताया गया कि उनके लिए रिसेप्शन रखा गया। आप ऐसे लोगों का पीएम के सरकारी आवास में स्वागत कर रहे हैं। इससे हौसला पाए लोग मोदी के साथ

अपनी तस्वीरें लगाते हैं। इसके बाद मैंने सुना उनमें से एक को भाजपा के आईटी सेल का प्रमुख बना दिया जाता है, इसलिए जाहिर है अब यह पार्टी का अभियान है, पूरे देश में आवाजों को चुप कराने के लिए प्रयुक्त विभिन्न अभियानों में से एक.'

2

भाजपा कनेक्शन

ट्रोल्स की विशाल सेना का भाजपा से कितना नजदीकी संबंध है? क्या उन्हें पैसे दिए जाते हैं? क्या वे संगठित हैं? भाजपा का पार्टी के 11 अशोक रोड कार्यालय में एक सोशल मीडिया प्रकोष्ठ है। इसका औपचारिक काम है प्रधानमंत्री मोदी और पार्टी की उपलब्धियों को प्रचारित करना और उन्हें ट्रेंड बनाना, लेकिन इस प्रकोष्ठ के बॉस अरविंद गुप्ता खुद ट्विटर पर कुछ ट्रोल्स को समर्थन करते हैं। मैं भाजपा के करीब 30 सोशल मीडिया स्वयंसेवकों से मिली जिन्होंने नाम नहीं बताने की शर्त पर अपने काम (अध्याय 3 देखें) का यही खाका खींचा। फिर मैं भाजपा के सोशल मीडिया प्रकोष्ठ की पूर्व सदस्य साध्वी खोसला से भी मिली, जो अपनी कहानी कहने के लिए आगे आईं। लेकिन वहां तक पहुंचने से पहले प्रस्तुत है बैकग्राउंड की थोड़ी जानकारी।

2014 के चुनाव

लांस प्राइस की किताब द *मोदी इफेक्ट* में अरविंद गुप्ता, जो भाजपा के साथ 2010 से ही काम कर रहे हैं, कहते हैं कि 'मुख्यधारा के मीडिया में सुने जाने को लेकर मोदी कैंप शक्तिहीन महसूस कर रहा था। हमारी प्रतिक्रिया पूरी तरह उनपर और वे जो कुछ रिपोर्ट करना चाहते थे, उसपर निर्भर होती थी'. गुप्ता के

अनुसार, सोशल मीडिया ने सारा परिदृश्य बदल दिया – और आरएसएस ने इस बारे में अहम प्रशिक्षण उपलब्ध कराया (अध्याय 5 देखें). उनका इशारा सोशल मीडिया और इसकी ताकतों के बारे में आरएसएस की गहरी संगठनात्मक समझ की ओर था। प्राइस ने यह भी लिखा है कि 'गुजरात के मुख्यमंत्री के रूप में अपने शुरुआती दिनों से ही मोदी इस बात को लेकर निश्चित थे कि मीडिया, खासकर अंग्रेज़ी मीडिया, उन्हें कमतर दिखाने का कोई भी मौका नहीं छोड़ने वाला है। मोदी के लिए सोशल मीडिया एक शौक मात्र नहीं, बल्कि एक ज़रूरत है.'

इस तरह 2014 में मोदी की चुनावी जीत में सोशल मीडिया एक केंद्रीय कारक था। अरविंद गुप्ता के प्रबंधन में भाजपा के मीडिया प्रकोष्ठ की पहुंच को देश में अब तक का सबसे प्रभावी राजनीतिक प्रचार माना जाता है। लेकिन चुनाव के समय भी, इसके सदस्यों के व्यवहार और आप ऑनलाइन क्या कर सकते हैं और क्या नहीं, इसकी संभावनाओं ने परेशान करने वाले सवाल खड़े किए थे।

पूर्व मुख्य चुनाव आयुक्त एस ।वाय। कुरैशी ने, जिनपर स्वतंत्र और नियमानुसार चुनाव कराने की जिम्मेदारी थी, चुनावों के दौरान नेताओं और राजनीतिक पार्टियों पर लागू मीडिया संबंधी दिशा-निर्देशों के दायरे में सोशल मीडिया को भी लाने की मंशा

जताई थी।

उनका कहना है कि उम्मीदवारों और राजनीतिक दलों के लिए लागू खर्च सीमा में सोशल मीडिया भी आता है। उनका मानना है कि राजनीतिक दलों द्वारा विज्ञापनों में प्रयुक्त सामग्री को भी चुनाव आयोग से स्वीकृत कराने की व्यवस्था होनी चाहिए ताकि यह सुनिश्चित किया जा सके कि सांप्रदायिक उकसावे और सेक्शन 150 (अवैध सभा में भाड़े पर लोगों का लाना, या इसके लिए षड्यंत्र करना) समेत भारतीय दंड संहिता के किसी भी सेक्शन का उल्लंघन नहीं हो।

कानून के अनुरूप सभी राजनीतिक दलों को मीडिया पर अपने खर्च का ब्योरा चुनाव आयोग को देना होता है। लेकिन चुनाव प्रचार के दौरान आप डिजिटल मीडिया पर कितना भी पैसा खर्च करें, आपकी कोई जांच नहीं होती है, ना ही विज्ञापन सामग्री पर कोई सवाल उठाया जाता है। इससे साफ हो जाता है कि नए प्रचार-युद्ध के रूप में सोशल मीडिया क्यों फोकस में है।

डॉ. कुरैशी के अनुसार चूंकि सोशल मीडिया पर रीयल-टाइम में चुनाव प्रचार चल रहा होता है, चुनाव आयोग नफरत फैलाने वाली या भड़काऊ सामग्री की निगरानी करने में अक्षम है। ट्विटर पर गुमनाम रहने की सुविधा से इस तरह की सामग्री को और प्रोत्साहन मिलता है क्योंकि राजनीतिक दलों के पास अपना पल्लू

झाड़ने का अवसर मौजूद रहता है।

डॉ. कुरैशी अफसोस के साथ कहते हैं, 'निवारक कार्रवाइयों के जरिए इसे आसानी से काबू में किया जा सकता है। चुनाव के दौरान पुलिस को चुनाव आयोग के निर्देशों पर कार्रवाई करने का अधिकार मिला होता है। लेकिन नफरत फैलाने और सांप्रदायिक उत्तेजना फैलाने का मामला यदि किसी प्रभावशाली पार्टी से जुड़ा हो तो पुलिस मामला तो दर्ज करती है, लेकिन उस पर आगे कोई कार्रवाई नहीं करती है। इससे पैसे लेकर ट्रोलिंग करने वालों को छूट मिलती है और बढ़ावा मिलता है.'

संभवत: यह असीमित और बेहिसाब खर्च करने वाले प्रमुख राजनीतिक दलों के सोशल मीडिया प्रकोष्ठों की संख्या में बेतहाशा वृद्धि के प्रमुख कारण पर भी रोशनी डालता है। मैंने डॉ. कुरैशी से उनके प्रस्ताव के परिणाम के बारे में पूछा। वह मुस्कुराकर बोले कि उसका भारी विरोध हुआ और कइयों ने उसे अभिव्यक्ति की स्वतंत्रता पर हमला किए जाने और सोशल मीडिया पर निगरानी बिठाने से जोड़ा। ऐसा ना तो उद्देश्य था और ना ही इसकी योजना थी। इससे आम आदमी प्रभावित नहीं होता, सिर्फ राजनीतिक दल प्रभावित होते जिन्हें सोशल मीडिया पर किए गए खर्च का खुलासा करना होता और अपनी विज्ञापनों की सामग्री की जानकारी देनी होती।

याद करें गाय वाला कुख्यात विज्ञापन जिसे भाजपा ने 2015 के बिहार विधानसभा चुनावों से ठीक पहले जारी किया था। यह बिल्कुल भड़काऊ विज्ञापन था, जिस पर सख्ती दिखाते हुए चुनाव आयोग ने विज्ञापन वापस लेने का आदेश जारी किया था। भाजपा जहां प्रिंट और इलेक्ट्रॉनिक मीडिया से विज्ञापन हटाने के लिए बाध्य हुई, वहीं सोशल मीडिया पर यह पहले ही व्यापक रूप से प्रसारित हो चुका था।

अशोक रोड पर प्रकोष्ठ

चुनावों के दो साल बाद, आज गुप्ता और उनकी टीम चुनाव प्रचार संचालित करने की जगह पार्टी के सोशल मीडिया प्रकोष्ठ को चला रहे हैं। गुप्ता के नियंत्रण में यह नई दिल्ली 11 अशोक रोड स्थित भाजपा मुख्यालय से चल रहा है। कई प्रमुख सदस्यों वाला प्रकोष्ठ सुनिश्चित करता है कि कुछ विशेष हैशटैग, जिनका चयन गुप्ता करते हैं, किसी खास दिन सोशल मीडिया पर ट्रेंड करे।

वे पूरे भारत में फैले सोशल मीडिया कार्यकर्ताओं के एक बड़े नेटवर्क को रोज़ उस दिन के ट्वीट एजेंडा पर भी निर्देश भेजते हैं। इस नेटवर्क में आईटी प्रकोष्ठ के कार्यों के लिए चयनित पार्टी स्वयंसेवक और आंशिक भुगतान पाने वाले कार्यकर्ता शामिल हैं। इनके काम का एक बड़ा हिस्सा सामान्य जनसंपर्क का है –

प्रधानमंत्री मोदी और अमित शाह के आम भाषणों को ट्वीट करना या भाजपा और मोदी से जुड़े विषयों को ट्रेंड कराना। इसलिए आपको 'VishvaGuruPM' पर एक जैसे शब्दों वाले हजारों ट्वीट देखने को मिलेंगे जिनमें पीएम की तारीफ होगी या फिर पार्टी के किसी व्यक्ति के समर्थन में ट्रेंडिंग।

भाजपा ने दूरदर्शिता दिखाते हुए उन दिनों में निष्क्रिय ट्विटर खातों का एक भंडार बना लिया था जब सत्यापन प्रक्रिया उतनी सख्त नहीं थी। ये पार्टी कार्यकर्ताओं के खाते हैं जिनको जरूरत पड़ने पर इस्तेमाल करने के लिए बनाया गया था। भाजपा सम्नवित ट्विटिंग का तूफान खड़ा करने के लिए इनका इस्तेमाल करती है। उनके पास पार्टी के केंद्रीय आईटी प्रकोष्ठ के नियंत्रण में बॉट्स भी हैं जो एक साथ ही एक जैसे संदेश ट्वीट करते हैं। ये दरअसल सोशल मीडिया नेटवर्क में सक्रिय प्रोग्रामिंग हैं जो बाहरी दुनिया को असली यूजर जैसे दिखते हैं। इस तरह यह प्रकोष्ठ वास्तव में एक ही संदेश को बारंबार प्रसारित करने और किसी खास ट्वीट से टाईमलाइन्स को भर देने के सिद्धांत पर काम करता है। इसे एक लाइन दी जाती है जिसे सेकेंड्स के भीतर अनेक ट्विटर खाते से ट्वीट किया जाता है। ट्रेंडिंग हैशटैग्स के मामले में भी यही होता है।

भाजपा का सोशल मीडिया प्रकोष्ठ एक बहुत अच्छी तरह

संगठित केंद्र है जो संदेश फैलाने में बहुत ही प्रभावी है। पर यह बात कभी साफ नहीं हुई कि इसके ऑनलाइन दक्षिणपंथी ट्रोल्स से कैसे रिश्ते हैं और किस हद तक इसका उनके साथ दैनिक समन्वय होता है। अनेक सोशल मीडिया कार्यकर्ताओं और साध्वी खोसला से मेरी बातचीत से साबित होता है कि दोनों के बीच स्पष्ट संबंध है और अधिकांश ऑनलाइन ट्रोलिंग 11 अशोक रोड से नियंत्रित होती है।

खोसला की कहानी

युवा उद्यमी साध्वी खोसला के लिए 5 दिसंबर 2013 एक बेहद महत्वपूर्ण दिन था। खोसला गुरुग्राम में एक नॉलेज प्रोसेस आऊटसोर्सिंग (केपीओ) कंपनी चलाती हैं। उनके पास गुजरात के तत्कालीन मुख्यमंत्री नरेन्द्र मोदी के कार्यालय से फोन आया कि सीएम सोशल मीडिया पर उनके काम की सराहना करते हैं। उन्हें भाजपा की सोशल मीडिया टीम से जुड़ने का व्यक्तिगत निमंत्रण दिया गया।

खोसला बदलाव की दरकार के बारे में ट्वीट किया करती थीं कि कैसे जड़ें जमाकर बैठा भ्रष्टाचार भारत को नष्ट कर रहा है और क्यों एक मजबूत नेता वक्त की जरूरत है। उस कॉल के बाद मोदी ने ट्विटर पर उन्हें फॉलो करना शुरू कर दिया, और अब

भी कर रहे हैं।

पंजाब विश्वविद्यालय से आईं खोसला 37 साल की एक आकर्षक मैनेजमेंट प्रोफेशनल हैं। मार्केटिंग में उनकी विशेषज्ञता है और छह साल अमेरिका में बिताने के बाद वह अपने माता-पिता के साथ वक्त बिताने और अपने बेटे को स्वदेश में पालने के लिए भारत लौट आईं।

उस फोन कॉल को लेकर वह बहुत उत्साहित थीं। उनके आराध्य, वह व्यक्ति जिसे वह भारत के पीएम के रूप में देखना चाहती थीं, ने उनसे विकास लाने और 'अच्छे दिन' का आगाज करने के लिए भारत को बदलने के आंदोलन से जुड़ने का आग्रह किया था।

खोसला सबकुछ छोड़कर सोशल मीडिया प्रकोष्ठ से एक अवैतनिक स्वयंसेवी के रूप में जुड़ गईं और चौबीसों घंटे मोदी के लिए प्रचार करने में जुट गईं।

वह 'चाय पर चर्चा' नामक प्रसिद्ध योजना में शामिल थीं और गुरुग्राम में ऐसी कई चर्चाएं आयोजित भी कीं। तो फिर ऐसा क्या हुआ कि मोदी पर भरोसा जताने वाली उत्साही समर्थक यह युवती भाजपा के सोशल मीडिया प्रकोष्ठ से भयाक्रांत हो गई?

जब कई मुलाकातों के दौरान उन्होंने अपने अनुभव मुझसे बांटे,

{अपनी भाजपा सोशल मीडिया सेल टीशर्ट में खोसला}

बार-बार उनकी आंखों में आंसू आए। इस अच्छे पहनावे वाली शोख और आत्मविश्वासी महिला को बार-बार रोते देखना एक परेशान करनेवाला अनुभव था। स्थिति इतनी नाजुक थी कि उनको एक बार मुझे एक सार्वजनिक स्थल से दूर ले जाना पड़ा क्योंकि लोग उन्हें घूरने लगे थे। उन्होंने भावुक हो कर मुझसे कहा था, 'मैं प्रायश्चित करना

चाहती हूं.'

इन परिस्थितियों के कारण ही उन्होंने खुलकर सामने आने का फैसला किया।

खोसला एक ऐसे परिवार से आती हैं जिसकी तीन पीढ़ियों ने कांग्रेस का समर्थन किया। उनके दादा सुरेंद्रनाथ खोसला एक स्वतंत्रता सेनानी और पंजाब में समाना से कांग्रेस विधायक थे। लेकिन 2014 के चुनाव से पहले वह भाजपा की तरफ आ गई, 'यह मानकर कि मोदी के पीएम बनने से ही देश अंततः विकसित होगा और संयुक्त प्रगतिशील गठबंधन (यूपीए) शासन की पहचान बने भ्रष्टाचार और जड़ता की स्थिति में बदलाव आएगा.'

यह युवती अत्यधिक धार्मिक है – वह भगवद गीता और रामायण सुना सकती है – और उसके मनोपरिवर्तन में उसकी धार्मिकता सहायक रही। यह शुरू हुआ 2004 में अपने इंजीनियर पति के साथ उनके मिशिगन में रहने की शुरुआत से। उनके पति ह्यूलेट पैकर्ड में काम करते थे। खोसला एक हेल्थकेयर कंपनी में काम करती थीं। जल्दी ही उन्हें तथा मोटी कमाई वाले पेशेवर भारतीयों के एक समूह को अनाम चेन मेल भेजे जाने लगे। इन ईमेल्स में, जिनमें से कई सैंकड़ों पृष्ठों के थे, कांग्रेस के खिलाफ चौंकाने वाले दावे किए गए थे। उनमें कहा गया था कि सोनिया गांधी ने अपने हिंदू विरोधी रुख के तहत राजीव गांधी के खिलाफ साजिश की थी, प्रियंका गांधी को

मानसिक विकार है और वह पति रॉबर्ट वाड्रा से अलग हो चुकी है, राहुल गांधी नशे के लती हैं और उन्होंने एक गैरहिंदू से शादी की है और उनके बच्चे भी हैं लेकिन इन बातों को छुपा कर रखा गया है। आगे के वर्षों में उन्हें पी। चिदंबरम के भ्रष्ट लेनदेन पर, बरखा दत्त और उनके नीरा राडिया कनेक्शन और उनके 'मुस्लिम पतियों' के बारे में भारी मात्रा में सामग्री भेजी गई।

खोसला के अनुसार यह सामग्री बिल्कुल वैसी ही थी जैसा भाजपा सोशल मीडिया टीम से जुड़ने के बाद उन्हें वॉट्सएप पर फॉरवर्ड किए गए संदेशों में देखने को मिला। गुप्ता और उनकी टीम ने इन संदेशों को ट्वीट करने के निर्देश दिए थे। उनके पास अब भी उस तरह के कई चेन लेटर्स मौजूद हैं। खोसला बताती हैं, 'गुप्ता ने हमें इन बदनामी फैलाने वाले दावों को बार-बार ट्वीट करने के लिए कहा था। धीरे-धीरे, अन्ना हजारे के आंदोलन के साथ-साथ, ये दावे गांधी परिवार के बारे में प्रामाणिक सूचना मान लिए गए क्योंकि खुद गांधी परिवार ने भी कभी इन आरोपों का खंडन नहीं किया। मैंने मार्केटिंग में एमबीए किया है इसके बावजूद मैं पूरी तरह इन दावों के प्रभाव में आ गई थी। मैं पूरी शिद्दत से उन्हें सच्चाई मानने लगी थी.'

टीम में शामिल होते ही खोसला को रस्मी बातचीत के लिए नेशनल डिजिटल ऑपरेशन्स सेंटर (एनडीओसी) के प्रमुख अरविंद गुप्ता से मिलने के लिए कहा गया। एनडीओसी भाजपा सोशल मीडिया प्रकोष्ठ

का औपचारिक नाम है, जो 2014 के चुनावों में डिजिटल प्रचार अभियान मिशन 272+ के लिए कार्यकर्ताओं का नेतृत्व कर रहा था। 'मुझे एक बड़े कमरे में ले जाया गया जहां बिल्कुल साधारण से दिखने वाले गुप्ता सोशल मीडिया ट्रेंड के रीयल-टाइम आंकड़े और कतिपय हैशटैग की ट्रेंडिंग दिखा रहे 56 ईंच के स्क्रीन्स के बीच गुम दिख रहे थे.'

गुप्ता से अपनी पहली मुलाकात का जिक्र करते हुए खोसला की हमेशा मौजूद रहने वाली मुस्कान गायब हो जाती है। 'वह काफी व्यस्त लगे। मुझे बताया गया कि लक्ष्य यूपीए सरकार और गांधी परिवार पर हमले करना और उनकी पोल खोलना है। उन्होंने कहा कि वे और सोशल मीडिया प्रभारियों की उनकी टीम मोदी जी के साथ हर रात टेलीकॉन्फ्रेंस करते हैं। यदि मोदी जी चुनाव प्रचार में व्यस्त रहे तो भी टेलीकॉन्फ्रेंस होगी, भले ही आधी रात बाद। हमारे जैसे सारे सोशल मीडिया कार्यकर्ताओं को पता था कि अरविंद गुप्ता मोदी जी से रोज़ बात करते हैं और इसी कारण उनके पास बहुत ताकत और एक आभामंडल है.'

2014 के चुनावों के दौरान गुप्ता ने देश में उस समय तक का सबसे बड़ा सोशल मीडिया प्रचार अभियान चलाया। उनकी टीम में अकेले दिल्ली में ही करीब 200 लोग थे; कुछ पैसे पर थे और कुछ स्वयंसेवी जिनके खाने, रहने और यात्रा का खर्च भाजपा उठाती थी। खोसला

जैसे कुछ लोगों ने कोई पैसा नहीं लिया था और अपनी नौकरी से अवकाश ले रखा था। पैसे पर रखे गए तकनीकी विशेषज्ञ पूरे समय कार्य करते और अपने 9-से-5 दिनचर्या के तहत रोज़ अशोक रोड कार्यालय आते। ज़्यादा से ज़्यादा स्वयंसेवकों को जोड़ने के लिए घर-घर प्रचार अभियान भी चलाया गया। भाजपा सोशल मीडिया कार्यकर्ता गुरुग्राम में एक इमारत से दूसरे तक घूम-घूमकर अपने डाटाबेस में मौजूद लोगों से मिलते और उन्हें पार्टी के प्रकोष्ठ में भर्ती करते। यह अभियान अहमदाबाद और वडोदरा में बड़े स्तर पर चलाया गया जहां करीब 2000 लोग मैदान में थे।

इन स्वयंसेवकों और कर्मचारियों को मुख्यधारा के पत्रकारों की एक 'हिटलिस्ट' दी गई जिनपर लगातार हमले किए जाने की जरूरत थी। इसमें बरखा दत्त और राजदीप सरदेसाई शामिल थे जो उस समय क्रमशः एनडीटीवी और सीएनएन-आईबीएन में थे। 'यदि कहीं मोदी जी का प्रतिकूल उल्लेख तक होता, गुप्ता का डिजिटल ट्रैकिंग टूल उसे पकड़ लेता और लकड़बग्घे के झुंड की तरह ट्रोल्स टूट पड़ते.'

अपने असीम उत्साह में खोसला ने मिशन 272+ पर ध्यान देने के लिए अपने सारे कार्यों और अपनी सामाजिक जिंदगी से किनारा कर लिया। हंसते हुए वह कहती हैं, 'आपको पता है कि मैं साल भर तक डिनर पर बाहर नहीं गई.' खोसला ने दो साल पहले जो केपीओ स्थापित किया था, वह अमेरिका में उनके संपर्कों के कारण खूब

व्यवसाय कर रहा था। 'मैं हर दूसरे महीने अमेरिका जाती थी यह सुनिश्चित करने कि मैं अपने क्लाइंट्स से मिलूं और उन्हें प्रसन्न रखूं। मोदी के अभियान के प्रति मेरे भावनात्मक समर्पण के कारण मेरे व्यवसाय को एक बड़ा झटका लगा। मेरी यात्राएं बंद हो गई थीं और इस कारण मैंने दो बड़े कॉन्ट्रैक्ट गंवा दिए। लेकिन मैं चुनाव अभियान से इतनी तल्लीनता से जुड़ी थी कि इसका भी मेरे ऊपर कोई असर नहीं हुआ.'

उनके संपर्क सूत्र दो भाजपा सदस्य विशाल गुप्ता और नितिन कश्यप थे, दोनों अब भी अरविंद गुप्ता के लिए काम करते हैं। वे वाट्सएप का प्रबंधन करते थे। खोसला जैसे स्वयंसेवियों को वाट्सएप संदेशों के जरिए रोज़ बताया जाता कि क्या ट्वीट करना है और ट्रेंड्स के लिए क्या चुना गया है। यह कभी खत्म नहीं होने वाला प्रवाह था। खोसला कहती हैं, 'उन्हें शब्दश: पोस्ट नहीं किए जाने पर गुप्ता क्रोधित हो जाते.'

सारे वाट्सएप ग्रुप्स के लिए एनडीओसी का एकमात्र निर्देश था – गांधी परिवार को ट्रोल करो और उनकी खिल्ली उड़ाओ। 'गांधी परिवार के खिलाफ सारी प्रोपगंडा सामग्री और कार्टून एनडीओसी में तैयार किए जाते थे और स्वयंसेवियों से उन्हें ट्रेंड कराने और सोशल मीडिया को उनसे भर देने के लिए कहा जाता। यार, यहां तक कि रॉबर्ट वाड्रा और राहुल गांधी पर चुटकुले भी एनडीओसी में ही तैयार होते

थे और हमें उनसे सोशल मीडिया को भर देने के लिए कहा जाता.' इसके अलावा खोसला की तरह कई स्वयंसेवियों ने कुछ उम्मीदवारों के व्यक्तिगत चुनाव अभियान में भी मदद की।

मुख्यालय में करीब 50 लोगों की एक कोर टीम गुप्ता के साथ काम करती थी और उनके सीधे निर्देशों का पालन करती थी। इस टीम के लोग खोसला जैसे अनेक स्वयंसेवियों को मैनेज करते थे, जिन्हें रोज़ संदेश भेजे जाते थे। उनके 20 या 21 वाट्सएप ग्रुप्स थे जिन्हें आगे भी प्रोफेशनल्स और महिला जैसे उप-समूहों में बांटा गया था। विशेष अवसरों पर गुप्ता सीधे ही सारे समूहों को निर्देश भेजते थे। 'अंतिम अधिकार गुप्ता के पास था। एक बार उन्होंने वाट्सएप संदेश भेज दिया तो बिना कोई सवाल पूछे उसका पालन किया जाना था। आप उन्हें चैलेंज नहीं कर सकते क्योंकि उन्होंने मोदी से अधिकार पाया था.'

पहला झटका तब लगा जब खोसला और उनके ग्रुप से स्मृति ईरानी ने बुरा बर्ताव किया। खोसला और उनके सोशल मीडिया स्वयंसेवी सहयोगियों ने गुरुग्राम के एक पार्क में एक कार्यक्रम आयोजित किया था। ईरानी समय से वहां पहुंचीं और कम उपस्थिति को लेकर मीडिया की भारी मौजूदगी के बीच आयोजकों को फटकार लगाई। इसके बाद उन्होंने मीडिया के साथ बुरा बर्ताव करना शुरू कर दिया। खोसला कहती हैं, 'मैं हतप्रभ रह गई। बारिश होने के कारण कम लोग आए थे। लेकिन वह पूरी आक्रामक हो गईं। उन्होंने मीडिया पर हमला किया

और उन्हें कार्यक्रम की कवरेज नहीं करने के लिए कहा। उन्होंने हमसे कहा कि इतने कम लोगों को जुटाना उनकी बेइज़्ज़ती है। बाद में मुझे भाजपा मिशन 272+ ने अमेठी जाकर उनके चुनाव अभियान के लिए काम करने को कहा। मैंने मना कर दिया और ईरानी की जगह मैंने किरण खेर के लिए काम किया और उनके लिए चंडीगढ़ में चुनाव प्रचार किया.'

खोसला अब भी विकास के उस मॉडल को लेकर उत्साहित थीं जिसका मोदी ने वादा किया था, इसलिए इस तरह की छोटी-मोटी गड़बड़ियां उनका मोहभंग नहीं कर सकीं। वे इतनी आदर्शवादी थीं कि उन्होंने मान लिया था कि 'भारत को बदलने – एक भ्रष्ट शासन को उखाड़ फेंकने और अंततः हिंदुओं को उनका अधिकार देने' में उनकी भी भूमिका है।

मोदी चुनाव जीत गए और सोशल मीडिया प्रकोष्ठ, जिसे जीत सुनिश्चित करने की जिम्मेदारी दी गई थी, युद्ध स्तर पर काम करता रहा। खोसला का कहना है कि जीत के बाद प्रकोष्ठ 'वास्तव में और बड़ा हो गया क्योंकि अब उनके पास अकूत फंडिंग है और रोज़ नए लक्ष्य और हमले के लिए नए शत्रु ढूंढ़े जाते हैं। [2017 के आरंभ में] यूपी चुनाव नजदीक आते-आते भाजपा का सोशल मीडिया सेल फैल रहा है.'

खोसला से उम्मीद की जा रही थी कि वे जिस कड़वाहट और

नाराजगी को हवा देंगी, वह धीरे-धीरे उन्हीं को अपना शिकार बनाने लगी थी। 'यह अल्पसंख्यकों, गांधी परिवार, हिट लिस्ट में मौजूद पत्रकारों, उदारवादियों...और मोदी विरोधी समझे जाने वाले हर व्यक्ति के खिलाफ कभी खत्म नहीं होने वाली नफरत और कट्टरता के सतत प्रवाह जैसा था.' महीने बीतते गए, और खोसला ने महसूस किया कि विकास के जिस एजेंडे पर उन्होंने वोट दिया था वो तो ठंडे बस्ते में चला गया जबकि नफरत की संस्कृति विस्तार पाती दिख रही थी। इसके लिए तो वे भाजपा से नहीं जुड़ी थीं।

खोसला ने पंजाब में नशीली दवाओं के प्रकोप के बारे 2014 से 2016 के बीच कम से कम 5000 बार ट्वीट किया था और प्रधानमंत्री मोदी को भी टैग किया था। उन्होंने नशीले पदार्थों के कारण एक करीबी मित्र को खोया है और इसलिए वह राज्य की ड्रग्स समस्या को लेकर बहुत सक्रिय थीं। मोदी ने जवाब देना तक उचित नहीं समझा।

{खोसला 'चाय पे चर्चा' की मेजबानी करते हुए भाजपा सोशल मीडिया महिला ग्रुप के साथ (ऊपर) और किरण खेर के साथ (नीचे)}

'जिस पीएम के बारे में मैंने सोचा था कि वह भ्रष्टाचार को मिटा देंगे, वह पंजाब के बारे में एक भी शब्द नहीं कह रहे थे क्योंकि भाजपा राज्य में सत्तारूढ़ अकाली दल के साथ गठबंधन में थी। मैं बहुत आहत हुई। यही मोदी गाली-गलौज करने वाले ट्रोल्स को जवाब देते हैं और उन्हें जन्मदिन की शुभकामनाएं तक देते हैं। मैं सचमुच उन पर विश्वास करती थी और उन्हें सत्ता में लाने के लिए 24/7 काम किया था लेकिन उन्होंने मेरी जायज चिंताओं की परवाह तक नहीं की। यह बहुत पीड़ादायक अनुभव था.'

गाली-गलौज और ट्रोलिंग अब उन्हें डराने और परेशान करने लगी हैं। 'जब मैंने बरखा दत्त जैसी महिला पत्रकारों के खिलाफ बलात्कार की धमकी दिए जाते देखा तो मेरे लिए गुप्ता के निर्देशों का पालन करना संभव नहीं रहा। जब मैं छोटी थी तो बरखा मेरा आदर्श थीं और स्कूल में मैंने उनकी हेयरस्टाइल तक को कॉपी किया था। और अब मुझसे गंदी जुबान में उनपर हमला करने की उम्मीद की जा रही थी। हर दिन किसी नए शख्स को लक्षित किया जाता और वे मधुमक्खी के झुंड की तरह घटिया यौन संकेतों, बदनाम करने वाली बातों, बलात्कार और जान से मारने की धमकियों के साथ टूट पड़ते। इससे मुझे उबकाई आने लगी और एक महिला के रूप मैं घुटन महसूस करने लगी। मैंने इस तरह के काम के लिए हामी नहीं भरी थी.'

खोसला ने बरखा के खिलाफ अपशब्दों को ट्वीट करने से मना कर दिया लेकिन उनके पास हरदम यह विकल्प नहीं होता था। गुप्ता के निर्देशों पर खोसला ने राजदीप सरदेसाई को उनके '50 करोड़ के बंगले' के मुद्दे पर ट्रोल किया और परिणामस्वरूप उनके द्वारा ब्लॉक की गईं। उन्होंने डीएलएफ सौदे के मुद्दे पर रॉबर्ट वाड्रा को और छुट्टी पर जाने के मुद्दे पर राहुल गांधी को भी ट्रोल किया। चेहरे पर अपराधबोध और दुख के भाव के साथ खोसला कहती हैं, 'आपको यह करना ही था यदि यह (निर्देश) गुप्ता की तरफ से आया हो। सोशल मीडिया सेल के अधिकांश स्वयंसेवी एक जैसे ट्वीट भेजते थे। मैंने किसी के लिए गाली-गलौज अथवा बलात्कार और जान से मारने की धमकी ट्वीट नहीं किया.' वह कहती हैं, 'मुझे खेद इस बात का है कि मैंने उनके झूठ पर यकीन किया, और मैं इसी बात का प्रायश्चित करना चाहती हूं। बाद में जब सरदेसाई ने ट्विटर छोड़ दिया तो मैंने उन्हें दोबारा इससे जुड़ने के लिए मैसेज भेजा और मेरे प्रति उनका व्यवहार बहुत ही अच्छा था और उन्होंने मुझे अनब्लॉक भी कर दिया.'

जब 2014 में सोशल मीडिया प्रकोष्ठ ने एक गूगल हैंगआउट में भाग लेने के लिए खोसला को चुना तो उन्होंने आरएसस के सोशल मीडिया के पुरोधा राम माधव (अध्याय 5 देखें) के सामने भी अपनी चिंताएं उठाईं, जो उन्हें 'गुप्ता के मुकाबले कम भयाक्रांत

करते हैं'. 'मैंने उनसे आरएसएस में महिलाओं के प्रति सम्मान भाव में भारी कमी नजर आने के बारे में सीधा सवाल किया, जिसका उन्होंने खंडन किया। राम माधवजी ने मुझे धैर्य से सुनने के बाद कहा, ''आपका नाम साध्वी मेरी पार्टी के लिए सटीक है, यह नाम भाजपा के बड़ा अनुकूल है। आप सकारात्मक बातों पर ध्यान दें। इन बातों को नजरअंदाज करना चाहिए.'''

इस बीच खोसला के काम ने उनकी घरेलू जिंदगी को प्रभावित करना शुरू कर दिया। पंजाब सरकार में प्रथम श्रेणी अधिकारी पद से सेवानिवृत्त और कांग्रेस के पक्के समर्थक उनके पिता ने उनसे बातचीत बंद कर दी क्योंकि उन्हें लगा वह कुछ गलत कर रही हैं। 'दो साल के लिए जब मैं भाजपा में थी, उन्होंने मुझसे एक भी शब्द बोलने से इन्कार कर दिया। इस बात को लेकर कितना ज़्यादा दुख होता है। यहां तक कि मेरी मां भी मेरा मजाक उड़ाते हुए कहती थी, ''बेटा, कहां हैं तुम्हारे अच्छे दिन? उनलोगों ने तुम्हें बेवकूफ बनाया है.'''

दिनभर सुनी बातों से प्रभावित खोसला अक्सर डिनर के दौरान मुसलमान विरोधी बातें करतीं। एक दिन उनके पति ने उनसे कहा, 'तुम्हें याद है कि अमेरिका में अपने बेटे के लिए हमने जो पहली आया रखी थी वो पाकिस्तानी थी? उसने कितने प्यार से हमारे बेटे की देखभाल की। तुम इतनी कट्टर होती जा रही हो कि अब उसे

नौकरी पर रख भी सकोगी?' पति के सौम्य सवालों ने 'उस कृत्रिम रूप से बने हुए विचारों वाले बुलबुले की हवा निकाल दी जिसमें मैं रह रही थी.' सुबकते हुए वह कहती हैं, 'मेरा बेटा मुझे जान से भी प्यारा है और उसकी पहली आया एक पाकिस्तानी थी और यहां मैं एक धर्मांध बनती जा रही थी.' यह घटना उनकी जिंदगी में एक अहम मोड़ साबित हुई।

भाजपा से जुड़ने के दो साल बाद, 2015 के अंत तक, खोसला का मोहभंग पूरा हो गया था।

ब्रेकिंग प्वाइंट बना बॉलीवुड के दो प्रमुख खान – आमिर और शाहरुख – पर हमला। शाहरुख खान ने नवंबर 2015 में एनडीटीवी को दिए इंटरव्यू में भारत में बढ़ती असहिष्णुता को लेकर अपना भय जाहिर किया था। उनके बयानों ने विवाद का रूप ले लिया और दिसंबर 2015 में आनेवाली उनकी फिल्म *दिलवाले* के बहिष्कार की ऑनलाइन मुहिम शुरू हो गई। शाहरुख को अपने बयानों पर माफी मांगने के लिए बाध्य किया गया।

तीन सप्ताह बाद, *इंडियन एक्सप्रेस* द्वारा आयोजित एक कार्यक्रम में, आमिर खान ने बढ़ती असहिष्णुता के कारण अपने 'असुरक्षा भाव' का जिक्र किया और भारत में अपने बच्चे को पालने को लेकर पत्नी किरण राव के मन में समाए डर की चर्चा की।

आमिर के साथ अत्यंत बुरा व्यवहार किया गया और ट्रोल्स ने उन्हें सलाह दी कि यदि वह सुरक्षित महसूस करना चाहते हैं तो वह अपनी पत्नी के साथ इस्लामिक स्टेट आतंकवादी संगठन में शामिल हो जाएं। पर्यटन मंत्रालय ने उन्हें 'अतुल्य भारत' विज्ञापन अभियान से तत्काल हटा दिया। अरविंद गुप्ता ने भी पार्टी के तमाम सोशल मीडिया स्वयंसेवियों को संदेश भेजकर निर्देश दिया कि वे स्नैपडील को संबोधित उस याचिका को समर्थन दें जिसमें उससे आमिर को उसके विज्ञापनों से बाहर करने की अपील की गई थी। भाजपा समर्थकों के गुस्से को देखकर, जिन्होंने गुप्ता के आदेश पर गूगल प्ले और एपल एप स्टोर में स्नैपडील के एप को डाउनग्रेड करा दिया, स्नैपडील ने आमिर के साथ अपना अनुबंध खत्म कर दिया और यह बयान जारी किया:

> आमिर खान द्वारा अपनी निजी हैसियत में दिए गए बयानों से स्नैपडील का कोई संबंध या भूमिका नहीं है। स्नैपडील समावेशी भारत के निर्माण पर केंद्रित जोशीले भारतीय युवाओं द्वारा निर्मित एक गौरवशाली भारतीय कंपनी है। हर दिन हम भारत के हजारों छोटे व्यवसायों और लाखों ग्राहकों पर सकारात्मक प्रभाव डालते हैं। हम भारत में 10 लाख सफल ऑनलाइन

उद्यमी निर्मित करने के अपने मिशन को जारी रखेंगे।

'आमिर के खिलाफ अभियान भाजपा से मेरे जुड़ाव के ताबूत में आखिरी कील साबित हुआ। इसने मुझे भाजपा और उस पीएम से किनारा करने को बाध्य किया, जिसका मैंने उत्साह के साथ समर्थन किया था। भाजपा की सोशल मीडिया टीम द्वारा शुरू जहरीले अभियान ने असहिष्णुता पर आमिर के बात की ही पुष्टि की.'

खोसला को लगता है कि आमिर के पीछे पड़ने के अभियान को प्रधानमंत्री मोदी और भाजपा प्रमुख अमित शाह का आशीर्वाद प्राप्त था। वह कहती हैं, 'जब भाजपा में उनकी स्वीकृति के बगैर एक पत्ता भी नहीं हिलता हो, संभव नहीं लगता कि अरविंद गुप्ता ने एक अभिनेता के खिलाफ पूरी सोशल मीडिया टीम को उतारने का फैसला नेताद्वय से हरी झंडी मिले बिना किया होगा.'

गुप्ता ने हमले की अपनी इस योजना पर चुप्पी बनाए रखी लेकिन तत्कालीन रक्षा मंत्री मनोहर पर्रिकर ने जुलाई 2016 के एक भाषण में इसका उल्लेख किया और अनचाहे ही इसमें भाजपा की भूमिका की ओर इशारा कर दिया। एक किताब के लोकार्पण के दौरान उन्होंने कहा, 'जनता ने अपनी ताकत दिखा दी है; एक एक्टर ने यह कहने की गलती की कि उसकी पत्नी विदेश में

जाकर रहना चाहती है। यह एक अहंकारी बयान था.' पर्रिकर ने आगे कहा, 'हमारे कुछ लोग बहुत स्मार्ट हैं, मुझे पता है। एक टीम इसपर काम कर रही थी। वे लोगों से ऑर्डर देने और फिर रिटर्न करने के लिए कह रहे थे। कंपनी को सीख मिलनी चाहिए; उन्हें अपना विज्ञापन वापस लेना पड़ा.'

बयान साफ तौर आमिर खान पर केंद्रित था, हालांकि पर्रिकर ने ना तो अभिनेता का और ना ही स्नैपडील का नाम लिया। खोसला ने इसकी प्रतिक्रिया में ट्वीट किया:

> पर्रिकर सही कह रहे थे जब उन्होंने कहा कि @aamir_khan को सबक सिखा दिया गया क्योंकि मुझे भाजपा के सोशल मीडिया प्रमुख से वाट्सएप पर यह मिला है।

इसके बाद खोसला ने मुझसे संपर्क किया।

वे कहती हैं, 'मैंने हमेशा शाहरुख को "राज" और "राहुल" के रूप में, सलमान को "प्रेम" और आमिर को उनके अभिनय के लिए जाना है और अचानक 25 वर्षों में पहली बार वे सिर्फ मुसलमान रह गए हैं जिन्हें टार्गेट और ट्रोल किया जाना चाहिए.'

'गुप्ता के फैसले और शाहरुख और आमिर पर हमले करने संबंधी

{वाट्सएप पर खोसला के लिए अरविंद गुप्ता का निर्देश}

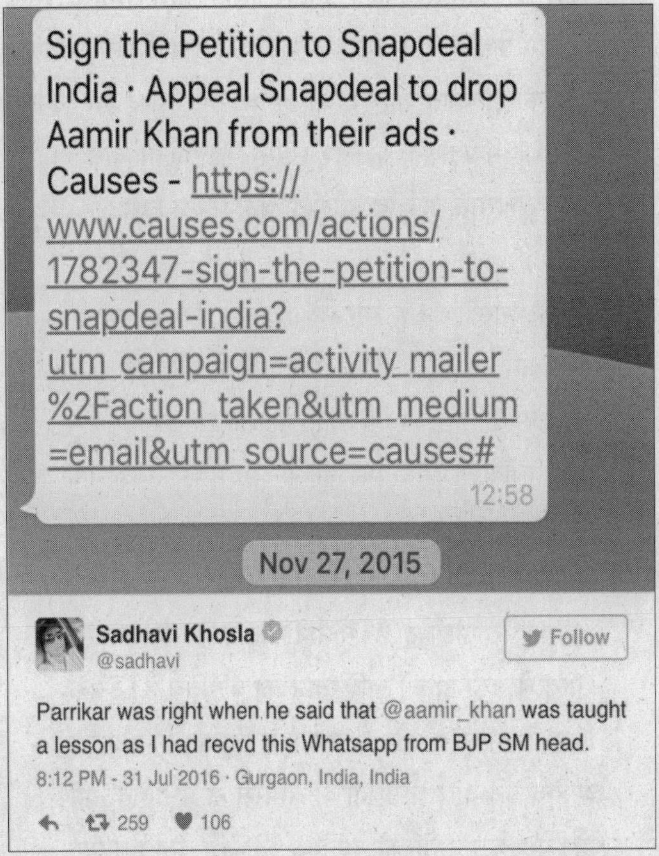

(वाट्सएप पर खोसला के लिए अरविंद गुप्ता का निर्देश)

संदेश, दोनों ने ही मुझे चिंतित किया और मेरे लिए उन्हें मानना शायद संभव नहीं था। आमिर प्रकरण मनोहर पर्रिकर द्वारा 'हमारी' स्मार्ट टीम का काम कह कर पुष्टि किए जाने के कारण सार्वजनिक हो गया लेकिन इसकी शुरुआत शाहरुख से हुई थी और आज भी 'दंगल' (दिसंबर 2016 में प्रदर्शित) के लिए आमिर की ट्रोलिंग जारी है।

पर्रिकर के बयान के बाद खोसला का अपना ट्वीट:

> मैं एक आस्थावान हूं और मेरे हिंदू धर्म में ऐसी घृणा के लिए कोई जगह नहीं है। यदि वे ऐसा ही करते रहे तो वे हिंदू धर्म को नष्ट कर देंगे। जीत के बाद भी उनका ध्यान मात्र ध्रुवीकरण और नफरत फैलाने पर है। मैं समझ नहीं पा रही कि क्यों हमें मुसलमानों को बुरा दिखाते रहने और भड़काऊ तस्वीर फोटोशॉप करते रहने की जरूरत है। कम उम्र का मेरा एक बेटा है। मैं नहीं चाहती कि वह एक ऐसे भारत में बड़ा हो जो पाकिस्तान का प्रतिबिंब है। उसके लिए मेरे सपने हैं और मैं चाहती हूं कि वह एक अच्छा व्यक्ति बने और धर्मांधता के वायरस से प्रभावित नहीं हो। मेरा बेटा अमेरिकी नागरिक है। जिस तरह हम एक दूसरे पर हमले कर रहे हैं उसके कारण मैं पहली बार इतनी भयाक्रांत हूं कि मैं रहने के लिए संयुक्त राज्य अमेरिका

{अरविंद गुप्ता का सोशल मीडिया सेल को #SansadChalneDo हैशटैग के साथ ट्वीट पोस्ट करने का निर्देश और (नीचे) गांधी विरोधी प्रचार में इस्तेमाल के लिए उनके द्वारा भेजी गई एक तस्वीर}

भी जा सकती हूं।

खोसला ने फैसला किया उन्हें इन सबसे बाहर निकलना है। राजनीति में उनके पति की कभी दिलचस्पी नहीं रही लेकिन खोसला के फैसले से उन्होंने भी राहत की सांस ली। खोसला ने 2015 के अंत में अंततः भाजपा को छोड़ दिया। मुंह बनाते हुए वह कहती हैं, 'मेरे फोन में भाजपा सोशल मीडिया द्वारा फॉरवर्ड की हुई इतनी सारी नफरत थी कि उन्हें डिलीट करने के बाद मैं स्वच्छ महसूस कर रही हूं.'

खोसला के कुछ वाट्सएप संदेश

ये हैं खोसला के कुछ वाट्सएप संदेश जो उन्हें सोशल मीडिया प्रकोष्ठ से मिले थे। संदेश तीन तरह के हैं – उनके दो संपर्क सूत्रों से; ट्विटर पर मोदी द्वारा फॉलो किए जाने वाले हिंदू डिफेंस लीग (एचडीएल) जैसे सोशल मीडिया से संबद्ध ग्रुप्स से; और सीधे अरविंद गुप्ता से।

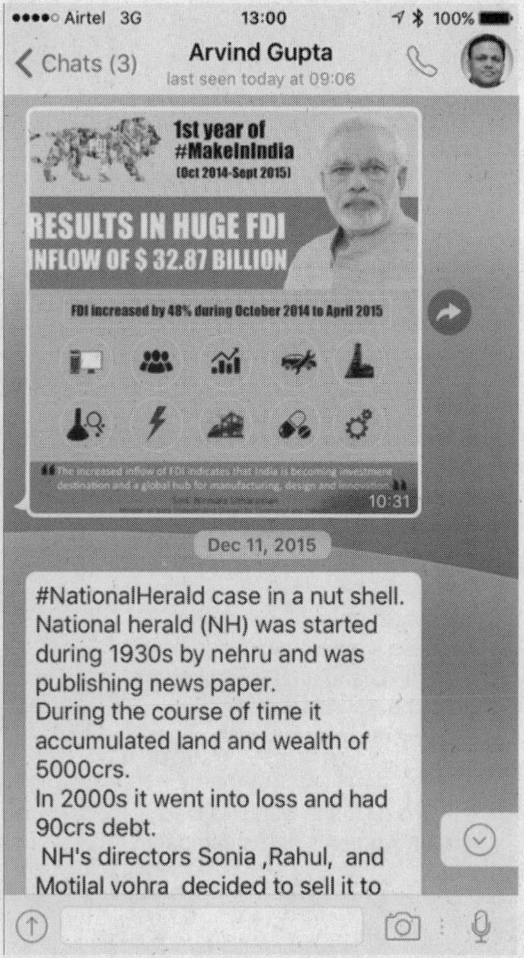

{'मेक इन इंडिया' अभियान के लिए अरविंद गुप्ता का एक वाट्सएप मेसेज और 'नेशनल हेराल्ड' मामले से संबंधित संदेश जिसमें कि गांधी परिवार भी फंसा हुआ है}

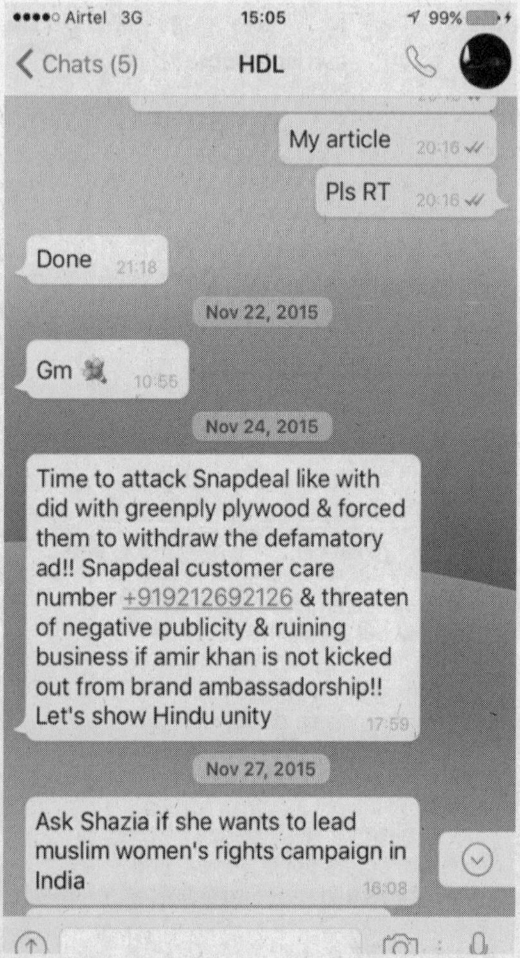

{आमिर को ब्रांड एम्बैसडर से हटाने के लिए स्नैपडील पर हमला – हिंदू डिफेंस लीग की तरफ से एक निर्देश}

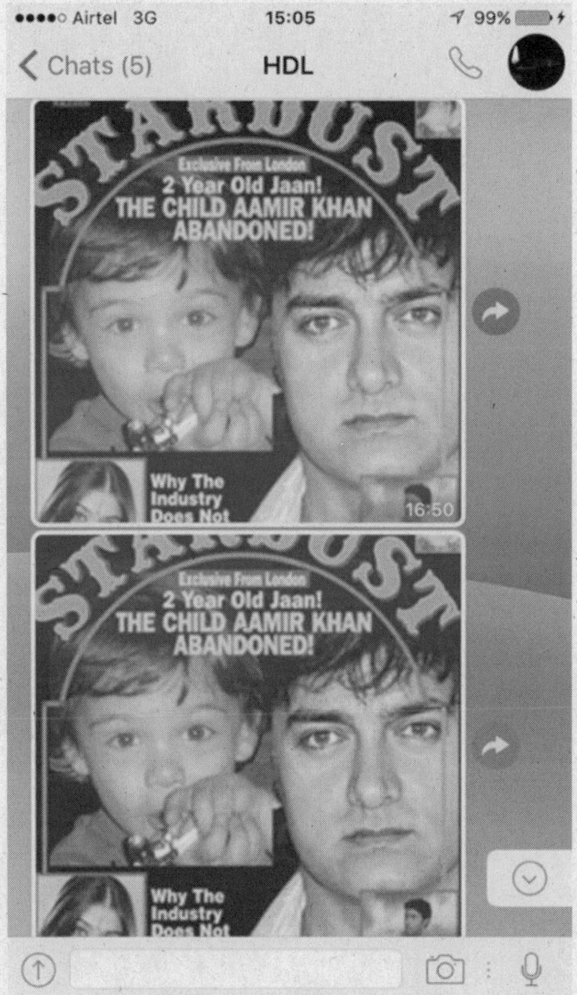

{एचडील की आमिर विरोधी सामग्री}

3

हां, मैं ट्रोल हूं

खोसला, पार्टी के लिए बिना पैसा काम करनेवाली एक उत्साही स्वयंसेवी थीं। लेकिन अशोक रोड स्थित भाजपा के केंद्रीय आईटी प्रकोष्ठ में ऑफिस जानेवाले सामान्य किस्म के तकनीकी विशेषज्ञों की भी भरमार है। इनमें से अधिकांश छोटे इंजीनियरिंग कॉलेजों से निकले युवक हैं जो नाईन-टू-फाइव के नियमित ऑफिस टाइम में काम करते हैं। अंकित लाल आप और भाजपा के सोशल मीडिया कार्मिकों में एक महत्वपूर्ण अंतर के बारे में बताते हैं। उनका दावा है कि आप की टीम स्वयंसेवी है और चौबीसों घंटे काम करती है। दूसरी ओर भाजपा की सोशल मीडिया टीम नौकरी करने वाले आम पेशेवरों से बनी है। नौ बजे रात के बाद वे काम नहीं करते, जिसके बाद का समय अकेले आप का होता है। खोसला के विवरण से उनकी कार्यप्रणाली बिल्कुल स्पष्ट हो जाती है। लेकिन वे हैं कौन और किस तरह के हैं?

मैं भाजपा के सोशल मीडिया प्रकोष्ठ में काम करने वाले 30 युवक-युवतियों से मिली, जिन्होंने मुझसे गुमनाम रहने की शर्त पर बात की। शुरू में भाजपा सदस्यों ने मुझे उनसे मिलाया और उनमें से अधिकतर हिंदू धर्म के प्रति स्पष्ट रुझान वाले पुरुष (और कुछेक महिलाएं) हैं। उनकी उम्र 20-25 से 35-40 के बीच होगी। वे उस वोटर समूह से आते हैं जिसे मोदी ने एकबार नव-मध्यम वर्ग –

भारतीय अर्थव्यवस्था को खोले जाने के बाद पैदा हुए लोग जो गरीबी रेखा से तो ऊपर हैं लेकिन मध्य वर्ग में नहीं आ पाए हैं – करार दिया था।

लेखक चेतन भगत ने *टाइम्स ऑफ इंडिया* के अपने कॉलम में 11 जुलाई 2015 को एक ट्रोल का चित्र खींचा था जिसमें उन्होंने मोदीभक्तों को 'अनन्य रूप से पुरुष' बताया जिनका 'संवाद कौशल, खासकर अंग्रेज़ी में, कमज़ोर' होता है और इस कारण उनमें एक 'हीन ग्रंथि' होती है। उन्होंने ये भी बताया कि वे 'आमतौर पर महिलाओं से ठीक से बात नहीं कर पाते हैं', उन्हें महिलाओं की चाहत तो होती है लेकिन उन्हें हासिल नहीं कर पाते और इसलिए 'यौन हताशा से भरे' होते हैं। भारी हिंदू समर्थक होने के बावजूद हिंदू होने और हिंदी बोलने को लेकर उनपर शर्म का भाव हावी होता है।

मुझे लगा भगत द्वारा वर्णित लक्षण भाजपा के उन ट्रोल्स से मैच करते हैं जिनसे मैं मिली थी। एक बात जिसका जिक्र उन्होंने नहीं किया वह था मुसलमानों के लिए उनमें अंदर तक बैठी नफरत।

सब के सब टेक्नोलॉजी में माहिर थे लेकिन उनमें अंग्रेज़ी बोलने का कौशल कमजोर से लेकर नहीं के बराबर था, और वे इस बात को लेकर बुरी तरह हताश दिखे कि वे मुसलमानों और देश को तबाह करने की उनकी कथित योजनाओं के बारे में अपने विचार

ठीक से नहीं रख पा रहे हैं।

आप उनके रंग-ढंग को भी एक विशिष्ट पहचान दे सकते हैं। एलेन सॉली की सामान्य पतलून धारण किए हुए, अनिवार्य रूप से एक मोटा पुरुष, जो चारखानेदार (चेक) कमीज पहनता हो और काले रंग का प्लास्टिक लैपटॉप बैग रखता हो। ऐसा आदमी जिसकी ओर आप दोबारा नहीं देखेंगे।

ट्रोल 1

ट्रोल 1 उम्र के दूसरे दशक के उत्तरार्ध में है। वह कॉफी ऑर्डर करता है और नर्वस एवं परेशान है। जब मैं उसे अपने बारे में बताने के लिए कहती हूं तो वह सहज होता दिखता है और टेबल पर चीनी की पुड़िया को छेड़ना बंद कर देता है। बड़े ही गर्व के साथ वह मुझे बताता है कि वह उत्तर प्रदेश में प्रतापगढ़ का एक ठाकुर है। वह अपने स्कूल में टॉपर था और उसने इंजीनियरिंग की संयुक्त प्रवेश परीक्षा दी थी। इतना बताने के बाद उसका चेहरा स्याह पड़ जाता है। 'मुझे 90वीं रैंक मिली। ये चमार 60वीं रैंक पर भी निकल गए, पर मैं नहीं। क्या यह सही है, मैडम? हर चीज़ इन लोगों और साले मुसलमानों के लिए.'

वह सचमुच में विक्षुब्ध है, जिसमें रुकी पड़ी अर्थव्यवस्था और उत्तर प्रदेश में नौकरी के अवसरों के अभावों की झलक मिलती

है। उसे भारत की बढ़ती युवा आबादी के लिए रोज़गार उपलब्ध कराने के मोदी के सपने में बहुत यकीन है; लगभग आधी जनसंख्या 25 साल से नीचे की है, और आबादी का 65 प्रतिशत 35 साल से कम उम्र के लोगों का।

मैं यह बताने की कोशिश करती हूं कि मुसलमानों को आरक्षण नहीं मिलता है। वह इसकी अनसुनी करते हुए कहता है, 'क्योंकि वे पढ़ाई नहीं करते, बच्चे पैदा करने में व्यस्त रहते हैं.' यह पूछे जाने पर कि वह भाजपा से कैसे जुड़ा, वह कहता है, 'मेरे परिवार ने हमेशा से भाजपा का समर्थन किया है। मैं बहुत महंगे मानव रचना विश्वविद्यालय में जाने के लिए बाध्य हुआ क्योंकि सिर्फ वहीं मुझे कंप्यूटर इंजीनियरिंग में दाखिला मिल रहा था। मैं छात्र राजनीति से जुड़ गया और मोदी जी के लिए प्रचार किया। मैडम, प्लीज़ समझिए, वही एकमात्र नेता हैं जो भारत को बदल सकते हैं, उस सामाजिक व्यवस्था को बदल सकते हैं जिसने हमें वर्षों तक दबाए रखा है। आप मीडिया के लोग हमारे इतिहास को, हमारे असली संस्कार को नहीं जानते हैं। आपलोग सिर्फ मुसलमानों का समर्थन करना चाहते हैं.'

हर ट्रोल की, जिनसे भी मैं मिली, दो बातों पर स्पष्ट राय थी: मुसलमान बहुत हिंसक होते हैं और वे मांसाहारी होने के कारण हिंसक हैं। आप यदि आंकड़ों के सहारे उन्हें बताने की कोशिश

करें कि सांप्रदायिक दंगों में मुसलमानों को सबसे ज़्यादा मार झेलनी पड़ती है, तो वे आपकी बात को सुनना नहीं चाहेंगे।

ट्रोल 1 अपना सिर हिलाता जाता है, मुझसे आंखें नहीं मिलाते हुए, साफ तौर पर मुझे नहीं सुनते हुए। मेरे तर्क उसे यकीन नहीं दिला पाते हैं। फिर वह ऊपर देखता है और कहता है, 'आपलोग वास्तव में मुसलमानों की मदद करना नहीं चाहते बस मोदी जी पर हमला करने के लिए कोई भी चीज़ इस्तेमाल करते हो.' यह एक विरोधाभास है जिसका इस किताब के लिए पड़ताल करते समय मुझे लगातार सामना करना पड़ा। मोदी के भक्त उन्हें बदला लेने वाले के रूप में तो देखते ही हैं जोकि उनके खिलाफ ऐतिहासिक गलतियां करनेवालों को दंडित करेंगे, साथ ही मोदी को 'सिकुलर' व्यवस्था द्वारा पीड़ित और सताए हुए एक व्यक्ति के रूप में भी देखा जाता है।

इसके बाद ट्रोल 1 काम की बात पर आता है। वह कहता है कि वे लोग तय करते हैं कि सोशल मीडिया में क्या ट्रेंड करना चाहिए, इसके लिए हर सुबह विशेष हैशटैग तैयार किए जाते हैं। पत्रकारों, खासकर मोदी-विरोधी और 'सिकुलर प्रेस्टीट्यूट्स' और 'पेड मीडिया' के प्रतिनिधि माने जाने वाले नामी-गिरामी पत्रकारों को गाली-गलौज के विशेष व्यवहार के लिए चिह्नित किया जाता है।

ट्रोल 1 थोड़ा बेचैन दिखता है, गले से गटकने की आवाज

निकालते हुए अपनी कॉफी पीता है और कहता है, 'अब आपसे मिल लिया हूं तो कम गाली दूंगा। मैंने आपको टीवी पर देखा है, आप उतनी बायस्ड नहीं हैं.' अंतत:, मानो एक बड़ी छूट दे रहा हो, वह फुसफुसाता है, 'मैं आपको सिर्फ प्रेस्टीट्यूट कहूंगा। प्रोस्टीट्यूट या रंडी नहीं.'

मैं जानने को उत्सुक हूं कि क्यों महिलाओं, खासकर महिला पत्रकारों पर हमले या तो बलात्कार की धमकियों, या उनकी तथाकथित विशेष तरह की यौन क्रियाओं, जननांगों के बाल के ट्वीट के साथ महिला के साथ सेक्स के सनसनीखेज विवरण या कैसे उसे सफाई की जरूरत है, के रूप में होते हैं। रिपोर्ट किए जाने पर ट्विटर जननांगों के बाल वाली तस्वीरें ट्वीट करने वाले खाते को तत्काल सस्पेंड कर देता है।

ट्रोल असहज दिखता है। जाहिर है कीबोर्ड योद्धा बनकर गालियां देना इसकी बनिस्बत आसान है कि आपसे वह महिला सवाल पूछे जिसे आपने ट्रोल किया है। 'देखिए, यह सबसे आसान तरीका है क्योंकि सामान्य आदमी नहीं जानता है कि यह एक संगठित हमला है और यह लोगों को हतप्रभ कर देता है। आमतौर पर हमारे सेक्स संबंधी सामग्री डालने पर पत्रकार हमें तुरंत ब्लॉक कर देते हैं। यह भी एक जीत ही है। हमने सीधा हमला किया जबकि आप भाग खड़े होते हैं। मैं बलात्कार और उस तरह की

अन्य धमकियां नहीं देता; यह ठीक नहीं है, लेकिन आप मीडिया वाले बहुत कुछ करते हैं। अफेयर्स और उन्मुक्त सेक्स.'

वह कहता है, 'आपके मीडिया में तो सब लोग पाकिस्तान से पैसा लेते हैं। उस बरखा दत्त को देखिए आईएसआई एजेंट है। उसके तो मुसलमान मियां हैं.'

दत्त एक सम्मानित पत्रकार हैं और उनकी शादी किसी पाकिस्तानी ने नहीं हुई है। यह पूछे जाने पर कि उसे ये 'तथ्य' कैसे पता हैं, ट्रोल 1 मुस्कुराता है। यह सोचकर गौरवान्वित होते हुए कि उसने बाजी मार ली, वह कहता है, 'सोशल मीडिया प्रकोष्ठ के हर सदस्य को आपलोगों पर हमले के लिए तथ्यों की सूची दी जाती है। हमारे पास आपके विवादास्पद ट्वीट के स्क्रीनशॉट हैं जिसका इस्तेमाल हम आप पर हमले में करते हैं। भ्रष्ट पत्रकार, जैसे सागरिका घोष, जोकि एक गुप्त ईसाई है, और उसके भ्रष्ट आप-टर्ड पति राजदीप सरदेसाई ने यूपीए शासन में राडिया का दलाल बन करोड़ों कमाए हैं.' उसका संदर्भ कॉरपोरेट लाबीस्ट नीरा राडिया का है जो यूपीए के 2जी घोटाले में फंसी थी।

एक चटखारेदार बात कहते हुए उसकी आंखों में चमक आती है। 'मैं नहीं जानता उनका बंगला कितने का है लेकिन मैं हमेशा 150 करोड़ का बताता हूं.' उसने आगे कहा, 'पर ज़्यादा फेंकना नहीं चाहिए वरना लोग गंभीरता से नहीं लेते हैं.'

वह पैसे के विषय पर बहुत ज़्यादा सतर्क है। क्या ट्रोलिंग, जो उसके दिन का बड़ा समय लेता होगा, के बदले में कुछ मिलता है? क्या उसे भाजपा पैसे देती है? एक और कॉफी का ऑर्डर देने के बाद वह कहता है, 'अरे, क्या स्वाति ज़ी, हमलोग असली भक्त हैं, आइडियोलॉजी के लिए करते हैं.' लेकिन वह अपना गुजारा कैसे चलाता है? वह चारों तरफ देखता है, आवाज धीमी करता है और कहता है, 'देखिए, मैं प्रतिबद्ध हूं; मैं करता हूं। लेकिन मैंने सुना है बाकी लोग प्रति ट्वीट के हिसाब से भुगतान की उम्मीद करते हैं और मंत्रालयों के डिजिटल और सोशल मीडिया प्रचार का काम हासिल करने के लिए कंपनियां भी गठित कर रहे हैं.'

ट्रोल 2

सबसे कट्टर ट्रोल जिससे मैं मिली, एक मोटा युवक है जो असल से कम से कम 10 वर्ष ज़्यादा उम्र का दिखता है। वह स्पष्टतया एक महिला से बात करते हुए असहज दिखता है। वह आरएसएस के एक पूर्व कार्यकर्ता द्वारा मनाने की बड़ी कोशिश के बाद ही मुझसे मिलने के लिए राजी हुआ। हम दिल्ली के झंडेवालान में आरएसएस मुख्यालय के पास मिले, और उसने बिना देर किए लव जिहाद के बारे में बोलना शुरू कर दिया। जब मैंने विरोध में तर्क दिया कि

यह टर्म सांप्रदायिक भावनाएं भड़काने के लिए बनाया गया है, उसने मुझे इस तरह घूर कर देखा जैसे मेरा दिमाग खिसक गया हो। एक क्षण भी ठहरे बिना उसने पूछा कि क्या मैंने किसी कॉन्वेंट स्कूल में पढ़ाई की है। मैं जवाब देने की कोशिश ही कर रही थी कि हां – लेकिन सिर्फ प्राथमिक स्कूल तक, कि बीच में ही उसने मुझे टोका, 'देखिए मैं कह सकता हूं कि उन ननों ने आपका ब्रेनवॉश किया था। आप जैसे लोगों को भारत की असलियत का कोई अंदाजा नहीं है। आपको पता नहीं है कि ये मुसलमान और नन हम पर दोबारा शासन करना चाहते हैं। हां, कम से कम नन लव जिहाद नहीं करती हैं। सिर्फ मुस्लिम मर्द ही हिंदू महिलाओं को भ्रष्ट करना और उनके साथ संकर जाति के बच्चे पैदा करना चाहते हैं.'

इसके बाद वह विषय बदलता है। 'ये मुसलमान सेक्स से भरे हुए हैं और इनकी अपनी महिलाएं इन्हें संतुष्ट नहीं कर पाती हैं इसलिए वे हमारी महिलाओं के पीछे पड़ते हैं। यह सब उनके गोमांस खाने के कारण होता है.' सेक्स से भरे मुसलमानों का बीफ खाना और बेचारी निहत्थी हिंदू महिलाओं के पीछे पड़ना। इस बकवास को सुनकर मुझे थोड़ी बेचैनी का अनुभव हो रहा था। मैं इंटरव्यू समाप्त करना चाहती थी लेकिन उसे कुछ नहीं हो रहा था। मुझे लगा लंबे समय से उसे किसी ने नहीं सुना है।

वह लव जिहाद के कई मामलों का जिक्र करता है जिनकी उसे

जानकारी है। अपनी बात में मेरी दिलचस्पी नहीं देखकर वह आक्रामक होकर कहता है, 'आपके जैसे लोग दरअसल भारतीय नहीं हैं इसलिए आपको क्या मतलब हमें कितनी तकलीफ होती है। आपलोगों की फंडिंग पश्चिमी देशों से होती है इसलिए आपको उनका प्रोपेगंडा करना होता है। आपको पता है कि हमने असल आजादी मोदीजी के पीएम बनने के बाद हासिल की है। इससे पहले की आजादी नकली थी। दुनिया में हमारी कोई इज्जत नहीं थी। चीन समेत हर देश हमपर हंसता था। अब वे सब विराट भारत का सम्मान करते हैं.'

जब हम चलने को होते हैं, वह चुपके से मेरी तस्वीर खींचने की कोशिश करता है। जब मैं इस पर सवाल करती हूं, वह कहता है, 'दरअसल मैंने आपको टीवी पर देखा है और मेरे दोस्त यकीन नहीं करेंगे कि मैं आपसे मिला हूं.' मैं उसके साथ सेल्फी खिंचाने की हामी भरती हूं। तस्वीर खिंचने के बाद वह मेरी 'गलत धारणाओं' को ठीक करने के लिए कुछ किताबें भेजने का प्रस्ताव करता है। उसे अपना पता नहीं देने की सोचकर मैं बचने की कोशिश करती हूं लेकिन यह कहते हुए वह अजीब ढंग से आग्रह करता जाता है, 'मैं खुद आऊंगा और आपको किताबें सौंपूंगा.'

ट्रोल 3

जिन ट्रोल्स से मैं मिली उनमें सबसे दिलचस्प है बिहार का एक युवक जो तब नीतीश कुमार के साथ जनता दल यूनाइटेड (जेडीयू) का कार्यकर्ता हुआ करता था जब भाजपा और जेडीयू राज्य की गठबंधन सरकार में साथ थीं। नीतीश कुमार ने जब मोदी के प्रधानमंत्री पद का उम्मीदवार बनने के मुद्दे पर गठबंधन छोड़ दिया तो ट्रोल 3 को लगा कि विश्वासघात हुआ है। उसे पटना में अपने मोहल्ले में शाखा की जानकारी थी और वह उसमें शामिल होने लगा। वहां उसे इतिहास की जानकारी दी गई और बिस्कुट-गुटखा-पानी बेचने के लिए एक गुमटी लगाने के लिए कुछ पैसे दिए गए।

वह मुझे बताता है कि गठबंधन टूटने के बाद हर महीने दिल्ली से एक छोटी टीम दो दिनों के लिए पटना आती थी और संपूर्ण शाखा को सोशल मीडिया के उपयोग के लिए ट्रेनिंग देती थी। उत्तर प्रदेश और बिहार में हिंदी माध्यम स्कूलों से पढ़े लोग बातचीत की बुनियादी अंग्रेज़ी सीखने के लिए रैपिडेक्स इंग्लिश स्पीकिंग कोर्स के पाठ पढ़ते हैं। उसका कहना है कि यह ट्रेनिंग 'सोशल मीडिया में रैपिडेक्स इंग्लिश कोर्स' के समान थी।

कभी कंप्यूटर नहीं छूने – मुझे डर लगता था कहीं खराब ना कर दूं – से शाखा के टूटे-फूटे पुराने टाईपराइटर पर कीबोर्ड की

बुनियादी बात सीखने और बिहार की शिक्षा व्यवस्था में पढ़े होने, जहां नकल आम बात है, की कमियों से पार पाने तक, ट्रोल 3 ने एक लंबी यात्रा की है।

वह कहता है, 'पहले वे पूरी शाखा को सिखाने की कोशिश करते थे लेकिन कई बुजुर्ग सीखना नहीं चाहते थे, इसलिए उन्होंने एक कोर ग्रुप का चयन किया और यहां तक कि एबीसीडी भी नए सिरे से सिखाया.' शर्म से लाल होते हुए वह बताता है, 'उन्होंने हमें हिंदी लिपि तक सिखाई। आपको पता है कि बिहार में राजनीति पर खूब चर्चा करते हैं लेकिन बेसिक्स कमजोर होते हैं.'

'मैडम, कंप्यूटर का इस्तेमाल करना बहुत आसान होता है, और इससे मुझे इतनी ज्यादा ताकत मिलती है। भारत में शिक्षा के नाम पर जितने झूठ बोले जाते हैं, मैं उनका खुलासा कर सकता हूं। जब नीतीश के समर्थन में वामपंथियों द्वारा झूठ ट्वीट किए जाते हैं, मैं उन झूठों पर हमले कर उन्हें रोक सकता हूं। हर इश्यु पर हमारी लाइन होती है और मैं अपनी गुमटी संभालता हूं, शाखा में जाता हूं और अपनी पार्टी की मदद करता हूं। मैं जिस तरह आगे बढ़ रहा हूं, मुझे उम्मीद है कि अगले पांच साल में मैं एमएलए का टिकट पा सकता हूं। नीतीश के साथ रहकर मुझे कुछ नहीं मिलता। वह सिर्फ लालू के परिवार को आगे बढ़ाएंगे। मोदी जी ने संघ में हम सभी के मन में उम्मीदें जगाई हैं.'

ट्रोल 3 के लिए बिहार में, जहां युवा पीढ़ी के लिए सीमित आर्थिक अवसर हैं, भाजपा के लिए इस हैसियत से काम करना, आगे बढ़ने का एक रास्ता था। वह वैचारिक स्तर पर किसी भी तरफ जा सकता था, लेकिन सीधे कहें तो इस विचारधारा ने उसके लिए अवसर उपलब्ध कराए।

यह पूछे जाने पर कि क्या वह उस सामग्री पर यकीन करता है जिन्हें वह अपने करीब 15 हजार फॉलोअर्स को भेजता है, उसने झेंपते हुए कहा, 'मैंने जो स्कूल में नहीं सीखा, वो शाखा में सीखा। और बिलीफ क्या होता है? यह हर उमर पर बदलता है। जब मेरे पास पैसे नहीं थे, मैं दुकानदारों से नफरत करता था क्योंकि मैं कुछ भी खरीद नहीं सकता था। अब अपनी गुमटी होने से मैं जो कमाता हूं उसकी सुरक्षा चाहता हूं.' उसने आगे कहा, 'हम बिहारी हमेशा राजनीति में दिलचस्पी रखते हैं लेकिन अब मोदीजी को डिफेंड करना मुश्किल हो गया है। बहुत बोलते हैं, लेकिन ऑन-ग्राउंड कुछ नहीं है.'

वह दिल्ली के नार्थ कैंपस में खाने-पीने की एक छोटी-सी दुकान पर मुझसे मिलने के लिए राजी हुआ। पटना से आने पर वह इसी इलाके में अपने संबंधियों के पास रहता है। आसपास पड़े कूड़े के ढेर, उनमें मुंह मारती गायें और चारों तरफ भिनभिना रही मक्खियों की ओर इशारा करते हुए वह अंततः सचमुच में

मुस्कुराता है। कानों तक फैली मुस्कान के साथ वह कहता है, 'मैडम, ये असलियत है; कितना सिंगापुर बताओगे?'

'उम्मीद बहुत है लेकिन हो नहीं पा रहा है, इसलिए आजकल मैं भी गाली कम देता हूं। क्या फायदा?'

4

कुछ अन्य ट्रेंड

सोशल मीडिया प्रकोष्ठ के इन कार्यकर्ताओं के विवरण से एनडीओसी दिन-प्रतिदिन की कार्यप्रणाली का एक जीवंत चित्र सामने आता है। साथ ही इनके कुछ हाईप्रोफाइल सोशल मीडिया अभियानों पर भी रोशनी पड़ती है। इस अध्याय में हम ऑनलाइन व्यवहार से जुड़े कुछ अन्य चिंताजनक रुझानों पर नजर डालते हैं।

थाईलैंड कनेक्शन

आप के सोशल मीडिया प्रमुख अंकित लाल ने भाजपा के सोशल मीडिया प्रकोष्ठ का खाका तैयार किया है, और वह अपने काम के हिस्से के रूप में सोशल मीडिया पर सत्तारूढ़ दल की गतिविधियों पर नजर रखते हैं। उन्होंने मुझसे एक इंवेस्टिगेशन शेयर किया (परिशिष्ट दो देखें) जिसे उन्होंने एनालिटिक्स टूल्स की मदद से तैयार किया है, और रिव्यू के बाद जिसकी पुष्टि सिद्धार्थ भास्कर ने भी की, जो ब्रिटेन स्थित एक तकनीकी विशेषज्ञ हैं और खुद की कंसल्टिंग फर्म चलाते हैं। यूरोप के एक प्रमुख बिजनेस स्कूल से एमबीए कर चुके भास्कर सूचना प्रौद्योगिकी इंजीनियर हैं। उन्होंने ह्यूज, एक्सेंचर और पीडब्ल्यूसी समेत शीर्ष कंसल्टिंग और आईटी कंपनियों के लिए भारत, अमेरिका और यूरोप में काम किया है।

अपनी हालिया भूमिकाओं में उन्होंने फूट्सी 100 कंपनियों के शीर्ष प्रबंधन और ब्रिटेन के सार्वजनिक क्षेत्र के उपक्रमों की मदद की है। इस समय वह खुद की कंसल्टिंग कंपनी चला रहे हैं जो टेक्नोलॉजी के इस्तेमाल से बेहतर व्यावसायिक फैसले लेने में क्लाइंट्स की मदद करती है। लाल के अध्ययन से जाहिर होता है कि थाईलैंड स्थित ट्विटर हैंडल्स भाजपा-निर्मित मोदी हैशटैग नियमित रूप से ट्वीट करते हैं। थाईलैंड कनेक्शन वाले हैशटैग्स मोदी, मनोहर पर्रिकर, स्मृति ईरानी और राजनाथ सिंह तक ने इस्तेमाल किए हैं।

लाल इसके दो संभावित अर्थ लगाते हैं। पहली बात यह कि भाजपा के मीडिया नियंत्रण केंद्र ने अपनी लोकेशन और पहचान छुपाने के लिए वर्चुअल प्राइवेट नेटवर्क्स (VPNs) का उपयोग करना शुरू किया हो। वीपीएन एक प्राइवेट नेटवर्क होता है जो किसी सार्वजनिक नेटवर्क या पूरे इंटरनेट में फैला हो सकता है। यह यूजर्स के लिए किसी खास स्थान या नेटवर्क से सीधे जुड़े होने का आभास देते हुए डाटा भेजना और पाना संभव करता है। सरल शब्दों में कहें तो वीपीएन यूजर के असल लोकेशन को छुपा लेता है। उदाहरण के लिए, वीपीएन का इस्तेमाल कर दिल्ली में बैठा व्यक्ति इस बात का आभास दे सकता है कि उसका कंप्यूटर लंदन में है ताकि वह केवल लंदन स्थित यूजर्स के लिए उपलब्ध

कराई गई सामग्री का भी इस्तेमाल कर सके। वीपीएन के पीछे छुपकर, राजनीति से प्रेरित हैशटैग्स को ट्रेंड कराने के उद्देश्य से फर्जी हैंडल्स बनाए जाते हैं।

इसके पीछे दूसरा संभावित कारण यह हो सकता है कि भाजपा ने अपने ऑनलाइन कार्यों के लिए थाईलैंड स्थित किसी मार्केटिंग एजेंसी से अनुबंध किया हो। इसमें फर्जी हैंडल्स के इस्तेमाल और अन्य दलों के नेताओं के साथ दुर्व्यवहार करने जैसे कार्य शामिल हो सकते हैं, उदाहरण के लिए अरविंद केजरीवाल के खिलाफ #UdtaKejriwalfundsUdtaPunjab जैसे हैशटैग्स। लाल द्वारा चिह्नित हीट मैप्स परिशिष्ट दो में दिए गए हैं। जब मोदी मेक्सिको में थे तो मध्य थाईलैंड में बैंकाक से 101 किलोमीटर दूर एक छोटा सा शहर सुफान बुरी दौरे के बारे में ट्वीट करने वाले शीर्ष स्थानों में चौथे नंबर पर था। लाल मजे लेते हुए इसे 'मोदी जी का थाईलैंड कनेक्शन' करार देते हैं।

लक्ष्यों के रूप में कंपनियां

ई-कॉमर्स क्षेत्र की बड़ी कंपनी मिंत्रा पर भी ऑनलाइन हमले हुए हैं। इसकी शुरुआत तब हुई जब पश्चिम मुंबई में अंधेरी स्थित भाजपा महिला प्रकोष्ठ की सदस्य गीता एस। कपूर — उनकी ट्विटर जीवनी के अनुसार 'महिला सशक्तीकरण को लेकर

{मिंत्रा का विज्ञापन जिसने ट्विटर ट्रोल्स की भीड़ को भड़काया}

उत्साही' – ने एक तस्वीर ट्वीट की जिसमें कृष्ण, मिंत्रा पर साड़ी ऑर्डर कर रहे हैं जबकि पृष्ठभूमि में दुशासन को द्रौपदी की साड़ी खींचते दिखाया गया है।

कपूर ने, जिनके बड़ी संख्या में फॉलोअर्स हैं, 25 अगस्त 2016 को मिंत्रा के नाम एक खुली धमकी जारी की:

> **Gita S l Kapoor** @GitaSKapoor
> .@myntra कृपया स्पष्टीकरण दो या अमेजन/स्नैपडील
> की राह जाओ।

विवादित तस्वीर करीब छह महीने पहले रोचक ग्राफिक कार्ड्स बनाने के लिए प्रसिद्ध सोशल मीडिया प्रकाशन स्क्रॉल ड्रॉल द्वारा

{मिंत्रा की प्रतिक्रिया और स्क्रॉल ड्रॉल का स्पष्टीकरण}

बनाई गई थी। इस प्रोजेक्ट के लिए उन्होंने पौराणिक पात्रों द्वारा आधुनिक सुविधाओं का इस्तेमाल करने की परिकल्पना की थी। इसमें कृष्ण काफी लंबी साड़ी मंगाने के लिए मिंत्रा एप का इस्तेमाल करते हैं। शिव टैक्सी का इंतजार करते हुए उबर के एप का उपयोग करते हैं। गणेश खाने का ऑर्डर देने के लिए जोमैटो का इस्तेमाल करते हैं जबकि नारद ट्रैवल पोर्टल यात्रा का उपयोग करते हैं।

एक हैशटैग ट्रेंड होने लगा जिसमें मिंत्रा के उत्पादों के बहिष्कार का आह्वान किया गया था। आमिर खान के बयान के बाद स्नैपडील के साथ जो सलूक हुआ था, उससे डरे मिंत्रा ने यह स्पष्ट करने की कोशिश की कि विवादित ग्राफिक किसी अन्य पक्ष ने उनकी पूर्वानुमति या जानकारी के बिना बनाया था, लेकिन ट्रोल्स ने इस पर बिल्कुल ही ध्यान नहीं दिया। स्क्रॉल ड्रॉल ने भी ट्वीट किया, 'यह पोस्टर हमने फरवरी में तैयार किया था। हमने इसे तत्काल हटा लिया क्योंकि हमारी मंशा लोगों की भावनाओं को ठेस पहुंचाने की कभी नहीं रही.'

ऑनलाइन ट्रोल्स ने मिंत्रा पर हमले के लिए वही रणनीति अपनाई जो स्नैपडील के साथ आजमाई गई थी यानी उसके एप को खराब रेटिंग देना। @ProudlySayGujju ने 26 अगस्त को ट्वीट किया:

मिंत्रा एप डाउनलोड किया और उसे 1 स्टार दिया और

> बिना शर्त माफी मांगने के लिए कहा और एप डिलीट कर दिया। डाउनग्रेड मिंत्रा। हमारी ताकत दिखाएं..#BoycottMyntra

> **एब्स इंडियन** @ROFL_India
> अरे @myntra कृपया इसी तरह अन्य धर्मों का भी मजाक उड़ाओ.. वे तुम्हें पैंट में मूतने पर मजबूर कर देंगे.. और हम भी। #BoycottMyntra

इसके बाद इसे ऊपर चढ़ चुके हैशटैग #BoycottMyntra के साथ ट्वीट किया गया और इसी तरह के शब्द आगे सैंकड़ों अन्य ट्वीट में भी इस्तेमाल किए गए।

> #BoycottMyntra यह कीमत तुम्हें चुकानी पड़ेगी यदि तुम लोकतंत्र के नाम के ऊपर हिंदू धर्म की खिल्ली उड़ाते रहोगे!!

'40-रुपए के ट्वीट'

एजेंसियों को अब ट्वीट करने और भाजपा के विरोधी दलों पर हमले करने वाले हैशटैग्स को ट्रेंड कराने के लिए पैसे दिए जाते हैं। मैं एक एजेंसी का ऐसा ही एक मेमो हासिल करने में सफल रही हूं जिसे

अरविंद केजरीवाल के खिलाफ ट्वीट करने के लिए प्रति सात ट्वीट 40 रुपए की दर से भुगतान किया जा रहा है – हालांकि भुगतान कौन कर रहा है यह स्पष्ट नहीं है।

यह दस्तावेज नीचे प्रस्तुत किया गया है।

From: Pari C<twcampaigns@gmail.com>

Date: Thu, Sep 8, 2016 at 11:20 AM

Subject: #KejriKeHeere Activity

To:

नमस्कार मित्रो,

आपको ठीक 11.30 AM पर लाइव होने जा रही आज की गतिविधि के लिए चुना गया है... (8 सितंबर)

ब्रीफ: यह आप पार्टी के भ्रष्ट मंत्रियों के खिलाफ विरोध जताने के लिए है

कृपया टाईम स्लॉट का ध्यान रखें (कड़ाई से टाइमिंग को फॉलो करें – सभी ट्वीट एक साथ नहीं करें)

11:30 AM to 11:45 AM - 5 ट्वीट

12:00 PM to 12:30 PM - 2 ट्वीट

हैशटैग - #KejriKeHeere Activity (हर ट्वीट में)

उद्देश्य - ट्रेंडिंग..

भुगतान - 40 रुपए

कुल ट्वीट - 7

नमूना ट्वीट। आप कॉपी-पेस्ट कर सकते हैं पर थोड़ा संशोधित कर लें :)

आप अधिकांश अपराधी नेताओं वाली देश की शीर्षस्थ पार्टी बनी। #KejriKeHeere

यौन दुर्व्यवहार, धोखाधड़ी और जालसाजी जैसे गंभीर आरोपों का सामना कर रहे दो विधायक गिरफ्तार #KejriKeHeere

महिलाओं की सुरक्षा लागू करने की पहली चीज़ है, लेकिन मुझे लगता है एके को कोई चिंता नहीं है #KejriKeHeere

आप ऐसे लोगों से भरी हुई है जो आपकी भावनाओं और परेशानियों का फायदा उठाने के लिए तैयार बैठे हैं। #KejriKeHeere

#KejriKeHeere क्या कर रहे हैं?

क्या #KejriKeHeere इसी तरह सरकार चलाएंगे?

#KejriKeHeere एक बड़ा सवाल है!

मैं चारों तरफ #KejriKeHeere की चर्चा सुन रहा हूं। सच्चाई क्या है?

#KejriKeHeere मीडिया में हर तरफ है। सच्चाई क्या है?

हमें ऐसे लोगों की जरूरत है जो कम से कम महिलाओं का सम्मान करते हों! #KejriKeHeere ऐसा नहीं करते और यह दुखद है!

#KejriKeHeere और उनकी कहानियां चारों तरफ हैं। असल में हो क्या रहा है?

कहां है असली #KejriKeHeere

सोमनाथ भारती को देर रात गए वो भी किसी महिला पुलिस के बिना अफ्रीकी महिलाओं को क्यों टार्गेट करने दिया गया? #KejriKeHeere @htTweets

केजरीवाल कहता है दिल्ली में भ्रष्टाचार नहीं और वह अपने मंत्रियों के साथ 1 करोड़ के चाय-समोसे गटक जाता है #KejriKeHeere

आप पंजाब का माहौल खराब करना चाहता है #KejriKeHeere

अरविंद केजरीवाल देश का इकलौता मंत्री है जो अपना केक ले सकता है और खा भी सकता है! #KejriKeHeere

नरेश यादव की गिरफ्तारी दिखाती है कि आप देश-विरोधी

ताकतों के इशारे पर काम कर रही है #KejriKeHeere @thetribunechd

केजरीवाल ने भ्रष्टाचार हटाने का वायदा किया लेकिन अपनी पार्टी से नहीं। #KejriKeHeere @ArvindKejriwal @AamAadmiParty @ndtv

केजरीवाल सरकार की गरिमा और ईमानदारी कहां गई जिसके लिए हम दिल्ली वालों ने वोट किया था? #KejriKeHeere

जाली डिग्री, यौन दुर्व्यवहार करने वाला, पत्नी को पीटने वाला, सेक्स स्कैंडल, बलात्कारी आदि @AamAadmiParty में #KejriKeHeere

तुम @AamAadmiParty में भ्रष्ट नेताओं को क्यों ले रहे हो @ArvindKejriwal @JagbaniOnline #KejriKeHeere

RT और Favorite पर विचार नहीं किया जाएगा और 12:30 PM के बाद के ट्वीट नहीं गिने जाएंगे

भुगतान आज से 30 दिन बाद स्वीकृत किया जाएगा!

धन्यवाद।

सादर,

परी सी (@D_KohlEyedChic)

डोमेन TWCampaigns lcom हैदराबाद में पंजीकृत है लेकिन इसकी कोई बेवसाइट नहीं है। परी सी (@D_KohlEyedChic) खुद को एक डिजिटल इन्फ्लुएन्सर और ब्लॉगर बताती हैं। वह विभिन्न ब्रांडों के बारे में ब्लॉग और ट्वीट करती हैं। आप ने केजरीवाल विरोधी ट्वीट का मुकाबला #bhaktssellforRs40 को ट्रेंड कराके किया।

सरकार के भीतर भाजपा सोशल मीडियाकर्मी

इस बात के संकेत हैं कि भाजपा सोशल मीडिया प्रकोष्ठ के कुछ सदस्य भारत सरकार के भीतर काम कर रहे हैं या कॉन्ट्रैक्ट हासिल करने की कोशिश में लगे हैं। महिला एवं बाल विकास मंत्री मेनका गांधी से ऐसे लोगों का एक समूह मिलने आया जिन्हें भाजपा ने सोशल मीडिया पर सक्रिय और पीएम द्वारा फॉलो किए जाने वाला बताया था – यानी भाजपा के सोशल मीडिया प्रकोष्ठ के सदस्य। उन्होंने गांधी से उनके मंत्रालय के नए सोशल मीडिया अकाउंट चलाने का कॉन्ट्रैक्ट देने की मांग की।

मंत्री ने उनसे कहा कि इस बारे में निविदा की सामान्य टेंडरिंग अपनाई जाएगी। एक पारदर्शी निविदा प्रक्रिया के बाद, सबसे किफायती बोली लगाने वाली जनसंपर्क से जुड़े प्रोफेशनल दिलीप चेरियन की कंपनी पर्फेक्ट रिलेशंस को कॉन्ट्रैक्ट दिया गया। सोशल मीडिया पर

इसको लेकर खूब हंगामा मचा। हैशटैग्स बनाए गए और गहरे षड्यंत्रों की बात उछाली गई। मेनका गांधी को अनुबंध रद्द करना पड़ा।

मैंने चेरियन से इस बारे में जानना चाहा। एहतियात बरतते हुए उन्होंने कहा, 'सार्वजनिक हो या प्राइवेट, जब बड़े कॉन्ट्रैक्ट हासिल करने की बात हो, हम सबसे किफायती मूल्य पर सर्वश्रेष्ठ सेवा देने में विश्वास करते हैं। यहां तक कि हम छोटे अनुबंधों में भी इसी सिद्धांत का ध्यान रखते हैं और हमारा प्रयास हमेशा L1 होने का रहता है। हमें कहीं सफलता मिलती है, तो कहीं नाकामी.'

चेरियन की कंपनी से अनुबंध समाप्त होने के बावजूद, एक अनाम ट्विटर अकाउंट वंदेमातरम @UnsubtleDesi , जो मोदी द्वारा फॉलो किया जाता है, ने 26 अगस्त 2016 को ट्वीट किया:

> आपकी पार्टी में खानदानी किराए की टट्टू जिसने चेरियन को काम दिया @BJPIndia ने पत्रकारों को वाट्सएप शुभकामनाओं के लिए ट्विटर पर आभार व्यक्त किया। आप बेवकूफ हैं जो यह नहीं देखते कि वह क्यों जोर लगा रही है?

एक और नाम जो खुलकर सामने आया वह है तत्कालीन मानव संसाधन विकास मंत्री स्मृति ईरानी के लिए काम करने वाली शिल्पी

{नागला फतेला गांव संबंधी प्रधानमंत्री मोदी की टिप्पणी पर प्रतिक्रियाएं}

तिवारी का। ईरानी ने अपने मंत्रालय को कहा कि वह तिवारी को सोशल मीडिया विशेषज्ञ के रूप में नौकरी दे हालांकि उनके पास जरूरी योग्यताएं नहीं थीं। दिल्ली सरकार के आदेश पर तैयार फोरेंसिक रिपोर्ट में आरोप लगाया गया है कि उस वीडियो से छेड़छाड़ के पीछे तिवारी ही थीं जिसने छात्र नेता कन्हैया कुमार को करीब एक महीने के लिए तिहाड़ जेल भिजवाया। निश्चित तौर पर तिवारी ने ही कन्हैया के 'विकृत किए हुए' वीडियो को ट्विटर पर प्रसारित किया था और बाद में उस अकाउंट को निलंबित किया गया जहां से उन्होंने वीडियो शेयर किया था। कुछ दिनों के अंतराल के बाद वह वापस आ गईं और सारे आरोपों से इन्कार कर दिया। इन दिनों वह खुद को 'पूर्व-भाजपा स्वयंसेवी' बताती हैं।

गैरजिम्मेदाराना बातें

पिछले साल भर के दौरान सरकार के सोशल मीडिया संबंधी कुछ आधिकारिक कार्यकलाप चिंताजनक रहे हैं। उनमें भाजपा के सोशल मीडिया प्रकोष्ठ की रणनीतियां प्रतिबिंबित होती हैं – तस्वीरों की फोटोशॉपिंग, गलत दावे करना और नफरत फैलाने वाले संदेश ट्वीट करना। एक अरबपति डॉ. महेश शर्मा की अगुवाई वाले संस्कृति मंत्रालय ने हाल ही में स्वतंत्रता दिवस के एक वीडियो में एक पाकिस्तानी जेट पर भारतीय तिरंगे की तस्वीर फोटोशॉप कर लगा

दिया।

संस्कृति मंत्रालय के सत्यापित ट्विटर हैंडल ने 12 अगस्त 2016 को 'आजादी के 70 साल' नामक वीडियो जारी किया। इसमें दो

{भारत सरकार का एक सत्यापित हैंडल पत्रकारों को एक अनाम ट्रोल की धमकी को रीट्वीट करता है}

जेएफ-17 थंडर विमान उड़ान भर रहे हैं जिनपर बुरी तरह फोटोशॉप कर तिरंगा चस्पां किया गया लगता है।

विडंबना ही कहेंगे कि पाकिस्तान वायुसेना का जेएफ-17 थंडर, जो चीन की वायुसेना में एफसी-1 शियोलोंग (उग्र ड्रैगन) कहलाता है, एक बहुउद्देश्यीय लड़ाकू विमान है जिसे पाकिस्तान एरोनॉटिकल कॉम्प्लेक्स और चेंगडू एयरक्राफ्ट कॉरपोरेशन ऑफ चाइना ने मिलकर विकसित किया है। संस्कृति मंत्रालय के वीडियो का उद्देश्य भारतीय राष्ट्रीय स्मारक प्राधिकरण को प्राप्त विनिर्माण आवेदनों के ऑनलाइन सिस्टम को बढ़ावा देना था। संस्कृति मंत्रालय पर स्मारकों की सुरक्षा करने का दायित्व भी है और ऑनलाइन सिस्टम से इस उद्देश्य को बढ़ावा मिल सकेगा।

चीन की सरकारी समाचार एजेंसी शिन्हुआ तक ने इस बारे में अपने सत्यापित हैंडल से भारत पर कटाक्ष किया और दोनों ही तस्वीरें पोस्ट करते हुए ट्वीट किया: 'एक गड़बड़झाले में भारत ने आजादी की 70वीं वर्षगांठ के मौके पर जारी वीडियो में पाकिस्तानी युद्धक जेटों का इस्तेमाल किया.' ट्विटर पर हमेशा की तरह हुए हल्ले-गुल्ले के बाद मंत्रालय ने बिना कोई स्पष्टीकरण दिए वीडियो हटा लिया।

भारत सरकार के केंद्रीय संचार तंत्र प्रेस सूचना ब्यूरो (पीआईबी) प्रधानमंत्री मोदी की फोटोशॉप की हुई तस्वीर इस्तेमाल करने वाला एक अन्य संगठन है। पीआईबी द्वारा जारी की जाने वाली पीएम की तस्वीरें आधिकारिक तस्वीरें मानी जाती हैं। एक अविस्मरणीय तस्वीर

में प्रधानमंत्री मोदी को बाढ़ प्रभावित चेन्नई शहर का हेलीकॉप्टर से मुआयना करते दिखाया गया था। इसमें सबकुछ ठीक था, सिर्फ इस बात के कि हेलीकॉप्टर की खिड़की से दिखते दृश्य को फोटोशॉप किया गया था। इसपर खूब शोरशराबा हुआ और पीआईबी एक पेचीदे स्पष्टीकरण के साथ सामने आया कि इसने 'तस्वीरों को फोटोशॉप नहीं किया था बल्कि सिर्फ उन्हें परस्पर मिला दिया था'.

2016 में स्वतंत्रता दिवस के अवसर लाल किले की प्राचीर से दिए प्रधानमंत्री के भाषण में उत्तर प्रदेश के एक गांव में विद्युतीकरण को लेकर एक झूठ शामिल था। प्रधानमंत्री मोदी ने दावा किया था कि नागला फतेला गांव में 70 वर्षों के बाद आखिरकार बिजली पहुंची। उन्होंने कहा, 'नागला फतेला दिल्ली से मात्र तीन घंटे की दूरी पर है लेकिन दिल्ली ने यहां तक बिजली पहुंचाने में सत्तर साल लगा दिए.'

ऊर्जा मंत्री पीयूष गोयल ने पीएम का भाषण सुनते नागला फतेला के ग्रामीणों की तस्वीरें ट्वीट कीं। ग्राम पंचायत ने तत्काल ही दावे का खंडन करते हुए कहा कि तस्वीरें उनके गांव की नहीं हैं और न ही उनके गांव में बिजली है। पीएमओ के आधिकारिक हैंडल ने भी भाषण ट्वीट किया था। सरकार ने इस स्कैंडल के बाद उन तस्वीरों और ट्वीट को डिलीट कर दिया।

संभव है ये सब जानबूझ कर, सोचसमझ कर कहे गए झूठ नहीं हों; वास्तव में ज़्यादा संभावना यही है कि ये लापरवाही में हुई गलतियां

हों। लेकिन समस्या दरअसल इस बात की है कि सरकार की लापरवाही के बड़े परिणाम होते हैं। भारत सरकार का अपने कार्यों की झूठी तस्वीरें प्रसारित करने का क्या मतलब है? सरकार और इससे संबंधित संगठनों के सत्यापित आधिकारिक ट्विटर हैंडल्स पर अनुपयुक्त भाषा भी देखने को मिली है।

@startupIndia वाणिज्य एवं उद्योग मंत्रालय का ब्लू टिक निशान वाला आधिकारिक हैंडल है। हाल में इसने एक अनाम ट्रोल को रीट्वीट किया 'जिसने इच्छा व्यक्त की थी कि सेना सारे प्रेस्टीट्यूट्स को खत्म कर दे'. जब पहली बार इस बारे में अरविंद गुप्ता को बताया गया तो उन्होंने ट्वीट के फोटोशॉप्ड होने का दावा किया। लेकिन काफी हंगामे के बाद ट्वीट डिलीट कर दिए गए और मंत्रालय के हैंडल से माफीनामा प्रस्तुत किया गया। केंद्रीय वाणिज्य एवं उद्योग राज्यमंत्री निर्मला सीतारमन ने मामले से जुड़े 'कर्मचारी को बर्खास्त किए जाने' की बात भी कही।

भारत सरकार के हाईप्रोफाइल डिजिटल इंडिया परियोजना के एक सत्यापित हैंडल से 8 सितंबर 2016 को एक कविता पोस्ट की गई जिसमें कश्मीरियों के जनसंहार को सर्वोच्च देशभक्ति बताया गया। यह जनता से वसूले गए कर से चलने वाली भारत सरकार का हैंडल है। कविता में यह भी कहा गया था कि 'सेना, आप उन सबकी कुटाई करना चाहते हो, उनकी हड्डियां तोड़ दो: यदि महबूबा पुलिस को

बुलाती है: मोदी उससे निबट लेंगे.' हमेशा की तरह हुए शोरशराबे के बाद, जैसाकि चलन बनता जा रहा है, ट्वीट डिलीट कर दिया गया। दूरसंचार मंत्रालय ने सिर्फ इतना कहा कि उसने आधिकारिक ट्विटर अकाउंट का प्रबंधन डिजिटल मार्केटिंग कंपनी ट्रिवोन को आऊटसोर्स कर दिया है।

सितंबर 2016 के पहले सप्ताह में आकाशवाणी के आधिकारिक हैंडल ने राहुल गांधी के बारे में ट्वीट करते हुए सवाल किया:

> पहले वह कैसे डर गए थे? दोबारा वह इतने साहसी कैसे हो गए कि #RSS को बदनाम कर रहे हैं... उन्हें बयानों पर कायम रहना चाहिए #RahulRattlesRSS

राहुल ने दावा किया था कि महात्मा गांधी की हत्या आरएसएस ने की थी जिसके लिए आरएसएस ने उनके खिलाफ मानहानि का मुकदमा दायर कर दिया।

9 सितंबर को रेल मंत्रालय के सत्यापित हैंडल ने एक ट्वीट को रीट्वीट किया जिसमें अरविंद केजरीवाल को झूठा बताया गया था।

कई बार इससे हास्यास्पद प्रसंग बन जाता है। कपड़ा मंत्री रहते हुए ईरानी ने हथकरघे को बढ़ावा देने के लिए #Iwearhandlooms हैशटैग शुरू किया था। उन्होंने इस अभियान की शुरुआत हैंडलूम

{हाफिज सईद के फर्जी अकाउंट के पोस्ट किए गए ट्वीट}

साड़ी पहने हुए खुद की तस्वीर पोस्ट करके की थी। दुर्भाग्य से सत्यापित आधिकारिक हैंडल एक बॉट द्वारा संचालित लग रहा था जिसने बिना

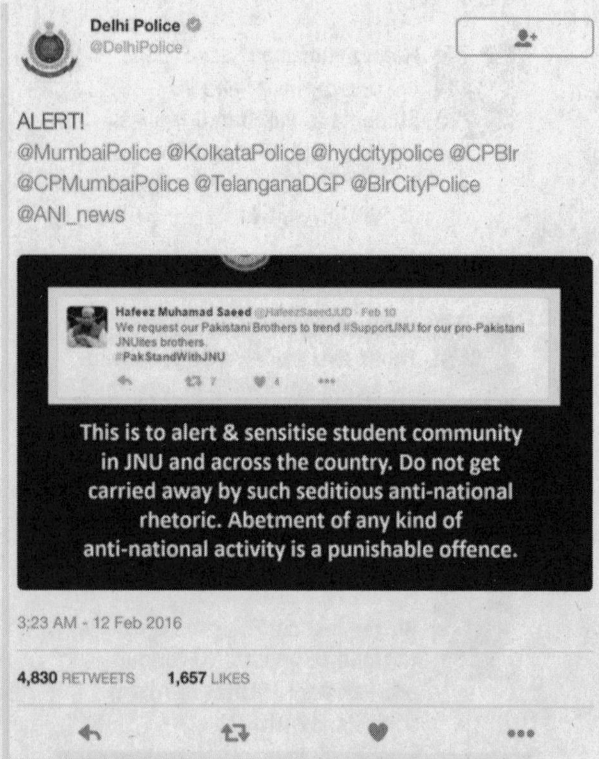

{दिल्ली पुलिस के ट्विटर हैंडल से किया गया ट्वीट}

सोचे-समझे हर उस व्यक्ति की तारीफ शुरू कर दी जिसने भी हैंडलूम से उत्पादित कपड़े पहनने का दावा किया हो। ट्विटर समुदाय के लोगों की हंसी नहीं रुक रही थी जब बॉट ने साड़ी पहने बाबा रामदेव और प्रधानमंत्री मोदी की तस्वीरों की भी तारीफ यह करते हुए की 'आपके #Iwearhandlooms लुक से भारत के बुनकर समुदाय की भरपूर मदद होगी.'

बड़ी तस्वीर

जैसाकि मैंने लगातार कहा है, असली खतरा तब सामने आता है जब ट्रोल्स द्वारा पैदा ऑनलाइन नफरत का परिणाम वास्तविक जिंदगी में हिंसा के रूप में सामने आता है। यहां हम एक बार फिर छात्र नेता कन्हैया कुमार का मामला देखते हैं। कन्हैया को पहली बार 2016 की शुरुआत में हिरासत में लिया गया, जिसका आधार हेरफेर किया हुआ एक वीडियो था। उसके बाद उन्हें और उनकी जमानत प्रक्रिया की रिपोर्टिंग कर रहे पत्रकारों को पटियाला हाऊस अदालत परिसर में भाजपा से संबद्धता का दावा करने वाले वकीलों ने निर्दयता से पीटा। पटियाला हाऊस के बाहर भी संघर्ष शुरू हो गया।

जेएनयू प्रकरण का वीडियो में, जैसाकि पहले कहा गया है, कथित रूप से शिल्पी तिवारी ने हेरफेर (मॉर्फ) की थी, जो तत्कालीन मानव संसाधन मंत्री स्मृति ईरानी की निकट सहयोगी थीं। तिवारी ने अमेठी

में चुनाव प्रचार के दौरान ईरानी की मदद भी की थी। उस दिन हमला करने वालों में भाजपा के दिल्ली के विधायक ओ। पी। शर्मा भी शामिल थे जो वित्त मंत्री अरुण जेटली के निकट सहयोगी हैं। शर्मा ने दावा किया कि पटियाला हाऊस के बाहर एक आदमी की उन्होंने सिर्फ इसलिए पिटाई की कि वह भारत-विरोधी नारे लगा रहा था। जबकि वहां मौजूद संवाददाताओं का कहना है कि पीड़ित व्यक्ति अरुण जेटली के खिलाफ नारे लगा रहा था।

शर्मा और कानून तोड़ने वाले वकीलों के एक समूह को नायकों की तरह सम्मानित किया गया। शर्मा ने एक पुलिस थाने में पहुंचने से पहले कई इंटरव्यू दिए। थाने में शर्मा को चाय-बिस्कुट पेश किया गया और उनसे कहा गया कि वह थाने से जाने के लिए स्वतंत्र हैं। हिंदू लीगल सेल ने अपने हैंडल से ट्वीट किया:

> हम राष्ट्रवादी वकीलों का समर्थन करते हैं और उन सबको बधाई देते हैं जिन्होंने पटियाला हाऊस कोर्ट के बाहर जेएनयू के अफजल समर्थक छात्रों की पिटाई की।

ऑनलाइन नफरत और ऑफलाइन हिंसा का उत्तम मिश्रण। इससे भी बुरा यह कि कन्हैया को जहां हेरफेर किए गए वीडियो के आधार पर गिरफ्तार किया गया वहीं दिल्ली पुलिस ने उन नकाबपोश लोगों

के खिलाफ कोई कार्रवाई नहीं की जिन्होंने वास्तव में जेएनयू के भीतर भारत-विरोधी नारे लगाए थे। कन्हैया उन लोगों में शामिल नहीं थे। सूत्रों के अनुसार दिल्ली पुलिस ने उस समूह में शामिल लोगों की पहचान कर ली लेकिन किसी को गिरफ्तार नहीं किया गया।

इस घटनाक्रम के दौरान #shutdownJNU ट्विटर पर ट्रेंड कर रहा था। राजस्थान में रामगढ़ से भाजपा के विधायक ज्ञानदेव आहुजा ने एक हास्यापद बयान में कहा कि उन्होंने जेएनयू परिसर के कचरे में इस्तेमाल हो चुके कंडोमों और शराब की बोतलों की गिनती की है जो साबित करता है कि जेएनयू 'भ्रष्टाचार और मुक्त प्रेम का अड्डा है'.

मामले को तूल देते हुए केंद्रीय गृहमंत्री राजनाथ सिंह ने गलती से पाकिस्तानी चरमपंथी नेता हाफिज सईद के नाम वाले एक पैरोडी हैंडल का उल्लेख किया और उसी आधार पर हाफिज पर कन्हैया को समर्थन देने का आरोप लगाया।

पत्रकारों से बात करते हुए राजनाथ सिंह ने कहा, 'दुर्भाग्य की बात है कि जेएनयू की घटना को लश्करे तैयबा प्रमुख हाफिज सईद का समर्थन प्राप्त है। राष्ट्र को भी वास्तविकता स्वीकार करनी चाहिए कि जेएनयू में जो घटना हुई उसे लश्करे तैयबा प्रमुख हाफिज सईद का समर्थन प्राप्त है। किसी को भी इस तरह की घटनाओं से राजनीतिक फायदा उठाने की कोशिश नहीं करनी चाहिए। मैंने स्पष्ट निर्देश दे रखे हैं कि जो कोई भी दोषी पाया जाए उसके खिलाफ कड़ी कार्रवाई की

जाए, लेकिन निर्दोष लोगों को तंग नहीं किया जाना चाहिए.'

असली सईद ने तुरंत प्रतिक्रिया दी: 'एक फर्जी अकाउंट के सहारे #JNU के विरोध प्रदर्शन का आरोप मुझपर लगाया जाना इस बात का अच्छा उदाहरण है कि भारत सरकार अपने ही लोगों को कैसे बुद्धू बनाती है.' यह @HafizSaeedLive हैंडल से 14 फरवरी 2016 को ट्वीट किया गया।

सिंह सेलफोन नहीं रखते हैं और उनका ट्विटर अकाउंट गृह मंत्रालय संभालता है। इस शर्मिंदगी से प्रभावित हुए बिना, मंत्रालय ने ट्विटर पर यह बयान जारी किया जिसे कट्टर दक्षिणपंथियों ने जेएनयू पर हमले के संकेत के तौर पर लिया: 'भारत-विरोधी नारे लगाने वाले किसी भी व्यक्ति को छोड़ा नहीं जाएगा.'

19:53
ndtv.com

| ALL INDIA

NDTV

LAHORE: Hafiz Saeed, the mastermind of the 26/11 Mumbai terror attack, has rejected claims by Home Minister Rajnath Singh that he had supported the controversial event at Delhi's Jawaharlal Nehru University in memory of Parliament attack convict Afzal Guru.

"The India home minister has alleged that I am behind the protest of Kashmiri students in Jawaharlal Nehru University where they chanted slogans in favour of Pakistan. He also talked my tweet in this regard. I felt strange after learning the Indian home minister had given a reference of a tweet with my name," Hafiz Saeed said in a video message posted on YouTube on Monday.

"Neither I am behind the students protest nor I did any tweet to incite them (students). It is a fake tweet. India has made an issue out of this as if I am behind this protest campaign," said Hafiz Saeed, who tops the list of India's most-wanted terrorists.

"The Indian minister is misleading his own people and the world by levelling allegation on me that I am behind this protest campaign," he added.

On Sunday, the Home Minister linked the founder of terror group Lashkar-e-Taiba to the student demonstrations that saw anti-India slogans being shouted at an on-campus event that went ahead despite JNU denying it permission. "The incident at JNU has received support from Hafiz Saeed. This is a truth that the nation needs to understand," Mr Singh had said.

Mr Singh's remarks generated a fierce backlash. Hours later, the Home Ministry issued a clarification that the remarks were based on "inputs from different agencies".

The ministry clarification also followed reports that Mr Singh and the police were misled by a tweet purportedly from a Twitter handle in the name of Hafiz Saeed. On Sunday, Pakistani newspaper The Dawn reported the Hafiz Saeed handle was fake. Hafiz Saeed's Twitter handle was blocked a long time ago.

{जेएनयू प्रकरण पर हाफिज सईद की सफाई}

5

जड़ों की ओर वापसी: आरएसएस लिंक

जब हम अपनी पड़ताल के अंत तक पहुंच रहे हैं, एक वृहतर सवाल पूछा जा सकता है। क्या भाजपा के डीएनए में कुछ विशेष है जो इसे सोशल मीडिया की दुनिया के बुरे पक्ष के प्रति ज़्यादा ग्रहणशील बनाता है? मैं कहूंगी हां, और दो संभावित कारण दूंगी।

सबसे पहले, भाजपा के सोशल मीडिया प्रकोष्ठ की जड़ें 2014 के चुनाव अभियान और उसके लिए वर्षों पहले शुरू हो चुकी तैयारी में हैं। जैसाकि साध्वी खोसला कहती हैं, सोशल मीडिया प्रकोष्ठ स्थायी रूप से युद्धस्तर पर कार्यरत दिखता है, वो इसे पूरी तरह स्वीकार नहीं करता कि चुनाव अभियान संपन्न हो चुका है। भाजपा के मंत्री नितिन गडकरी ने भी पार्टी के संदर्भ में बात करते हुए इसी तरह का बयान दिया था। अनवरत चुनाव अभियान की दशा में रहने के तथ्य से सोशल मीडिया प्रकोष्ठ द्वारा पैदा की गई विरूपता को कुछ हद तक समझा जा सकता है।

संभवत: दूसरा कारक है भाजपा को सोशल मीडिया का उपयोग सिखाने के लिए मूल प्रशिक्षक के रूप में आरएसएस का होना। इसका आरंभ तमिलनाडु में स्वयंसेवकों के एक समूह से हुआ, जो नई सहस्राब्दी में सोशल मीडिया के आरंभिक दिनों में तकनीकी पेशेवर थे और जिन्होंने एक-दूसरे से संपर्क में रहने के लिए इसका इस्तेमाल शुरू किया। उनकी अगुवाई राम माधव कर

रहे थे जो आरएसएस के पूर्णकालिक प्रचारक हैं और उन्होंने आंध्र विश्वविद्यालय से इलेक्ट्रिकल इंजीनियरिंग की पढ़ाई की है। इस समय वे भाजपा में नियुक्त हैं और इसके सर्वाधिक प्रभावशाली महासचिवों में से एक हैं।

माधव ने पहले अनिच्छुक आरएसएस को समझाया कि यह संवाद का एक प्रभावशाली माध्यम है न कि मात्र फैशन। इसके बाद उन्होंने शाखा स्तर पर जाकर स्वयंसेवकों को प्रशिक्षित किया। तकनीकी पेशेवरों का कोर ग्रुप पुणे में स्थित था और आज भी उनमें से अधिकतर वहीं हैं। लेकिन मुख्य अभियान भारत की सूचना प्रौद्योगिकी राजधानी बेंगलुरु तक फैल गया जहां से आज भी आरएसएस की आईटी संबंधी ज़रूरतें पूरी होती हैं। मैंने माधव और समूह के एक आरंभिक तकनीकी विशेषज्ञ से बात की (इंटरव्यू आगे प्रस्तुत है).

आरएसएस अपने जीवनकाल में चार बार प्रतिबंधित हो चुका है (1947 में ब्रिटिश भारत के पंजाब प्रांत में; महात्मा गांधी की हत्या के बाद 1948 में; आपातकाल के दौरान 1975 से 1977 के बीच; और 1992 में बाबरी विध्वंस के बाद). सताए जाने और असुरक्षा की भावना इसकी बनावट में है; इसकी संरचना गोपनीयता को बढ़ावा देती है और यह एक टोली या सेल आधारित संगठन है। इसलिए यह स्वाभाविक है कि इससे सोशल

मीडिया में काम करने का एक अच्छी तरह विकसित और कुशल तरीका सामने आएगा। और यह भी कहा जा सकता है कि भाजपा की मौजूदा सोशल मीडिया रणनीति में भी उत्पीड़न और असुरक्षा की यही भावना नजर आती है।

वरिष्ठ संपादक और पूर्व सांसद एच। के। दुआ ने एक रिपोर्टर के रूप में तथा *टाइम्स ऑफ इंडिया, इंडियन एक्सप्रेस* और *हिंदुस्तान टाइम्स* के संपादक के रूप में संघ को करीब चार दशकों तक कवर किया है। उन्होंने मुझसे कहा, 'संघ की एक खासियत उसकी अनुकूलन की जबरदस्त क्षमता है। और अफवाह अभियान चलाना उनकी दक्षता है; वे इसमें महारत रखते हैं। हमेशा से। माध्यम भले ही बदल गए हों, लेकिन मुझे नहीं लगता मैसेज में कोई बदलाव आया है.'

अंकित लाल ने मुझे बताया कि आरएसएस के तकनीकी पेशेवरों के इस समूह ने ही भाजपा के बदनाम सोशल मीडिया प्रकोष्ठ का खाका तैयार किया। प्रशिक्षण अब भी जारी है और माधव अब भी आईटी शाखाओं को संबोधित करते हैं। जमीन पर पहले से ही आरएसएस की मजबूत उपस्थिति और उसके ऊपर तकनीकी बढ़त के कारण भाजपा लड़खड़ाते यूपीए के खिलाफ प्रचार युद्ध में आगे निकल गई।

मैंने आरएसएस के आरंभिक तकनीकी पेशेवरों में से एक से

बात की जो चेन्नई से हैं। आज उम्र के पांचवे दशक के उत्तरार्ध में हैं। इन्होंने आईआईटी कानपुर से केमिकल इंजीनियरिंग की पढ़ाई की है और धाराप्रवाह हिंदी बोलते हैं। मृदुभाषी इस व्यक्ति की बड़ी आंखें मुझसे बातें करते वक्त खुशी से चमक उठती हैं। उन्होंने कहा, 'टेक्नोलॉजी विचार निरपेक्ष होती है। मैं संघ के मूल्यों पर यकीन करता हूं इसलिए मैंने अपना समय दिया और उन्हें प्रशिक्षित किया। उस प्रशिक्षण से वे जो करते हैं, जरूरी नहीं मैं उसका अनुमोदन करूं। लेकिन वामपंथी प्रोपगंडा का, जो उतना ही बुरा है, मुकाबला करने का हमारा यही तरीका था.'

अरविंद गुप्ता की तरह चेन्नई के स्वयंसेवक को भी लगता है कि देश में मुख्यधारा के मीडिया और प्रमुख संस्थानों पर वामपंथ और उसके विचार हावी हैं। सिर्फ सोशल मीडिया के जरिए ही आरएसएस जनता तक पहुंच सकता था।

राम माधव का इंटरव्यू

राम माधव भाजपा के सबसे प्रभावशाली महासचिवों में से हैं। कलाई पर एपल वॉच बांधे और बेहद पतले एपल कंप्यूटर के सामने बैठे माधव नई दिल्ली स्थित अपने स्मार्ट कार्यालय में मुझसे मिलते हैं। वह आरंभिक चेन्नई प्रोजेक्ट के मास्टरमाइंड हैं। वह मुस्कराते हुए स्वीकार करते हैं कि गुप्त आईटी शाखाएं शुरू करने का विचार उन्हीं का था। माधव ने संघ को आश्वस्त किया

कि सोशल मीडिया के इस्तेमाल से उन्हें सूचना संचार को परिष्कृत करने और समर्थकों को लक्षित करने में मदद मिलेगी। शुरू में उन्होंने सोशल मीडिया के इस्तेमाल को बढ़ावा देने के लिए शाखाओं में वर्कशॉप आयोजित किए। नरेन्द्र मोदी एप की शुरुआत तथा सूचना संचार को और ज़्यादा परिष्कृत करने के लिए वाट्सएप के इस्तेमाल के विचार के पीछे भी वही हैं। मैं यहां उनका इंटरव्यू प्रस्तुत कर रही हूं।

सोशल मीडिया के संगठित उपयोग के मूल नीति निर्माताओं में से एक की हैसियत से मुझे बताएं कि ये सब कैसे हुआ।

देखिए, आपको पता है कि नई मीडिया टेक्नोलॉजी ने संगठनों, पार्टियों और नेताओं को अपने समर्थकों से सीधे जुड़ने में मदद की है। जिन लोगों से आप जुड़ना चाहते हैं उन्हें अब कोई मध्यस्थ नहीं चाहिए। टेक्नोलॉजी ने आपको उनसे सीधे जुड़ने का अवसर दिया है।

आपने इस ताकत को कब पहचाना?

जब ये चीजें सामने आईं उसी समय से। मैं उन लोगों में से था जो अपने संगठन में कहता था कि आरएसएस को इसे मात्र फैशनेबल परिघटना के रूप में नहीं लेना चाहिए। जो चीजें आज फैशनेबल

लगती हैं वो कल आपके रोज़ की नियमित जिंदगी का हिस्सा बन जाएंगी। एक समय था जब रेफ्रिजरेटर तक लग्जरी माना जाता था। आज यह हर घर में है।

यह माना जाता है कि मुख्यधारा के मीडिया को बाइपास करने के लिए आप सोशल मीडिया का इस्तेमाल करते हैं।

किसी को भी यह नहीं सोचना चाहिए कि हम मुख्यधारा के मीडिया को बाइपास करने की कोशिश कर रहे हैं या वह कम महत्वपूर्ण है। मुख्यधारा के मीडिया की अपनी अलग भूमिका है और अपना अलग प्रभाव है जिसे नजरअंदाज करने की हिमाकत कोई राजनीतिक पार्टी नहीं कर सकती। यदि हम ऐसा करते हैं तो हम मूर्खों के स्वर्ग में रह रहे होंगे। लेकिन बावजूद इसके, नया विकल्प हमें जनता से सीधे जुड़ने का अवसर दे रहा है।

क्या संघ और भाजपा में ऐसी भावना है कि मुख्यधारा का मीडिया का उनके प्रति शत्रुतापूर्ण रुख है और इस स्थिति के मुकाबले के लिए आप सोशल मीडिया का इस्तेमाल करते हैं?

[लंबी चुप्पी] पूर्वाग्रह होते हैं। ये समाज में प्रतिबिंबित होते हैं और मुख्यधारा का मीडिया समाज का प्रतिबिंब है। लेकिन, आज मुझे लगता है कि सोशल मीडिया के इस्तेमाल से मैं अपने लक्षित

समूह तक पहुंच रहा हूं। बहुत से लोगों को इस बात का अहसास तक नहीं है लेकिन हम धीरे-धीरे इसे अपने चुनाव कार्य से जोड़ रहे हैं। मेरी पार्टी में 10 करोड़ सदस्य हैं। हमने यह पता लगाने का कार्यक्रम चलाया कि इन सदस्यों में से कितने फेसबुक का इस्तेमाल करते हैं। आठ करोड़ फेसबुक का इस्तेमाल करते हैं। मैं अपने कार्यकर्ता से सीधे जुड़ने के लिए फेसबुक का इस्तेमाल करूंगा।

आरएसएस के बारे में आम धारणा यह है कि यह एक पारंपरिक संगठन है और परिवर्तन को संदेह से देखता है और आसानी से बदलाव को ग्रहण नहीं करता। उन्हें आश्वस्त करने में आपको बहुत कोशिश करनी पड़ी होगी?

शुरू में ऐसा भाव था कि आरएसएस जैसे संगठनों के लिए सोशल मीडिया की जरूरत नहीं है लेकिन फिर हममें से कुछ लोगों ने संगठन को आश्वस्त किया कि हमें टेक्नोलॉजी का उपयोग करना चाहिए। कि यह बहुत बड़ी सहायक है।

लेकिन, उदाहरण के लिए, क्या आरएसएस प्रमुख डॉ. मोहन भागवत को सोशल मीडिया की समझ है? क्या वे ट्विटर या फेसबुक पर हैं? क्या वे टाईमलाइन और इस तरह की चीजों को देखते हैं?

वह टेक्नोलॉजी के माध्यम से मीडिया कन्टेंट का नियमित इस्तेमाल

करने वालों में से हैं। मेरा मतलब, वह चीजों को देखने और ऐसे कार्यों के लिए आईपैड का इस्तेमाल करते हैं। संभवत: वह फेसबुक, ट्विटर आदि पर नहीं हैं लेकिन आरएसएस की मौजूदगी है।

आरएसएस का 'प्रोजेक्ट सोशल मीडिया' कब शुरू हुआ था?

हम 2000 के दशक के पूर्वार्ध से ही कार्यकर्ताओं के लिए इससे संबंधित कार्यक्रम आयोजित करते रहे हैं। मुझे पुणे में तीन-दिवसीय कार्यशाला संचालित करना याद है। उन दिनों पुणे टेक्नोलॉजी का केंद्र हुआ करता था। हमने वेबसाइट प्रबंधन के कार्यक्रम चलाए थे। वेबसाइट उन दिनों बड़ी चीज़ थी।

अब वह सवाल जिसपर कोई बात नहीं करता। भाजपा का एक बड़ा सोशल मीडिया प्रकोष्ठ है। बहुत से लोग – पत्रकार और सामान्य लोग – खुद को इस प्रकोष्ठ से संबद्ध ट्रोल्स के निशाने पर पाते हैं और महसूस करते हैं कि आप, यानी भाजपा, इन हमलों में मददगार हैं।

देखिए [इस इंटरव्यू में पहली बार पूरी तरह रक्षात्मक लहजे में] ट्रोल्स को भाजपा की शह की बात पूरी तरह बकवास है। हम खुद ट्रोल्स के शिकार रहे हैं। देखिए, यह सोशल मीडिया पर कुछ बहुत महत्वपूर्ण लोगों के लिए एक सार्वभौम खतरा है, लेकिन किसी

पार्टी विशेष या प्रकोष्ठ विशेष को दोषी करार देना सही नहीं है। मैं सिर्फ ये कहूंगा कि हर कोई पीड़ित है। मुझे पता है कई बार महिलाओं को बलात्कार की धमकियों से बहुत परेशानी उठानी पड़ती है। मुझे लिखी गई बातों को देखकर बहुत बुरा महसूस होता है। मैं सोशल मीडिया पर दूसरों से जोरशोर से असहमति जताऊंगा लेकिन व्यक्तिगत हमले हमारे लिए हद से बाहर हैं। दुर्भाग्य से आप पत्रकारों के लिए यह एक पेशागत खतरा है। मेरा अपना मानना है कि जिस माध्यम में दुर्व्यवहार इतना ज़्यादा हो वह माध्यम तेजी से खत्म हो जाएगा।

क्या आप गंभीरता से कह रहे हैं कि भाजपा में संगठित ट्रोलिंग नहीं होती? मेरे सहित कई पत्रकारों पर पीएम द्वारा फॉलो किए जा रहे हैंडल्स से हमले हुए हैं।

एक बात हमें समझनी होगी कि हर कठोर आलोचना ट्रोलिंग नहीं होती। कोई आप पर बहुत कड़े शब्दों से प्रहार कर रहा है, इसका मतलब यह नहीं कि वो ट्रोल है।

ऐसा नहीं है, राम, आपका एक मंत्री पत्रकारों को प्रेस्टीट्यूट्स कहता है। एक पत्रकार के रूप में मैं आहत महसूस करती हूं और बाकी पत्रकारों की भी ऐसी ही भावना है। आपको लगता है कि भारत सरकार के एक मंत्री और पार्टी के एक वरिष्ठ नेता को इस तरह बात करनी

चाहिए?

[असहज दिखते हैं] प्रेस्टीट्यूट शब्द का कोई हूबहू अर्थ नहीं होता है। यह अप्रिय है, आइए हम सब मिलकर इसका इस्तेमाल नहीं करने का फैसला करें। मैं इस शब्द का समर्थन नहीं करता। लेकिन यह उन पेशेवराना खतरों में से है जिसका आपको सामना करना पड़ता है।

यह बहुत लोडेड टर्म है – क्यों इस्तेमाल करें?

ठीक है, मैं इसका इस्तेमाल नहीं करता हूं।

लेकिन कोई अन्य पार्टी – कांग्रेस या आप, जिनकी भी उपस्थिति सोशल मीडिया पर है – जानेमाने पत्रकारों को प्रेस्टीट्यूट कहते नहीं घूमती, तो फिर भला भाजपा ही क्यों? यह भाजपा से जुड़ा मसला है। इसलिए भाजपा इस बारे में क्या कहती है?

मैं इस बारे में ज़्यादा कुछ कहना नहीं चाहता। मैंने इसका कभी इस्तेमाल नहीं किया और कभी इस्तेमाल नहीं करूंगा। जैसाकि आपने सही कहा, यह एक लोडेड शब्द है, बेहतर है हम इसका इस्तेमाल नहीं करें बजाय इसके कि इसका उपयोग क्यों किया इस बारे में बाद में स्पष्टीकरण देने की कोशिश करें।

आरएसएस में बड़ी संख्या में तकनीकी विशेषज्ञता वाले लोग हैं। क्या उन्होंने आपके विशाल सोशल मीडिया तंत्र

में मदद की है?

सही-सही कोई भी इस बारे में नहीं जानता लेकिन आरंभ में टेक्नोलॉजी संबंधी हमारी सारी जरूरतों को बेंगलुरु में हमारी शाखाओं से जुड़े हमारे लोगों ने पूरा किया था। पहली आईटी शाखा देश की आईटी राजधानी बेंगलुरु में शुरू हुई थी।

आईटी शाखा से आपका क्या मतलब है?

आईटी शाखा वह जगह है जहां आईटी पेशेवर परस्पर साथ आते हैं।

यह धारणा 2001 के शुरू में विकसित हुई; यह एक बहुत प्रगतिशील बात थी। यह कोई सामान्य शाखा नहीं है जो आप पार्कों में देखते हैं जहां लोग व्यायाम कर रहे होते हैं। जरूरी नहीं कि आईटी शाखा खुले मैदान में आयोजित हों। मसलन यदि किसी आईटी कंपनी 10 से 15 लड़के हैं, कभी-कभी लड़कियां भी, तो वे कैंटीन में शाखा आयोजित कर लेंगे, राष्ट्रीय मुद्दों पर बातचीत करेंगे। वे हमारे लोग हैं।

और मैं जाकर उनसे बात करूंगा। मैं जाया करता था और उनमें से पांच-छह लोगों को एक साथ बिठाकर उनके साथ चर्चा करता था। रोचक बात यह है कि लड़कियों ने भी भाग लिया। अब यह सभी केंद्रों में है। वास्तव में, गुड़गांव में कई आईटी शाखाएं हैं। यह आरएसएस का सर्वाधिक दिलचस्प अंग है, आईटी अंग।

क्या आप और ज़्यादा लक्षित ऑडियंस के लिए ट्विटर के ईको चैंबर से आगे वाट्सएप पर आ चुके हैं?

हां, बिल्कुल, और एप्स पर। अपने एप के जरिए मैं आठ करोड़ लोगों तक पहुंच सकता हूं। ऐसा होने पर यह बात पूरी तरह समझ में आती है। अब पार्टी की हर बैठक में हम एक स्टॉल स्थापित करना सुनिश्चित करते हैं जहां हमारे लोग मोदी एप डाउनलोड करते हैं। लाखों लोगों ने इस तरह इसे डाउनलोड किया है। इसलिए यदि मेरे पास ट्विटर होना चाहिए तो साथ ही मेरे पास मोदी एप भी होना चाहिए। और हम कहते हैं, मोदी एप देखो और फिर सोशल मीडिया पर पोस्ट करो।

क्या आप मोदी पंथ को बढ़ावा दे रहे हैं?

नहीं, नहीं। हम भारत सरकार के काम के पंथ को बढ़ावा दे रहे हैं। मोदी जरूर प्रधानमंत्री हैं। यहां तक कि आरएसएस भी अपना एप विकसित कर रहा है जिसके जरिए यह अपने संभाषणों आदि को ऑनलाइन डाल सकेगा।

उपसंहार

भाजपा का सोशल मीडिया प्रकोष्ठ देश के अन्य किसी राजनीतिक पार्टी के मुकाबले सर्वाधिक प्रभावशाली है। उन्होंने, आरएसएस के साथ, सबसे पहले नई तकनीकों का फायदा उठाया। सोशल मीडिया इन संगठनों की जरूरतों, व्यक्तित्व और अतीत के लिहाज से उपयुक्त है, जिन्हें हमेशा से मुख्यधारा के मीडिया द्वारा बाहर रखे जाने का अहसास रहा है। आरंभ से ही सोशल मीडिया पर इस तरह ध्यान देना भी उनकी 2014 की असाधारण जीत का एक प्रमुख कारक रहा है। आज यह प्रकोष्ठ पैसे पर काम करने वाले इंजीनियरों, पार्टी कार्यकर्ताओं और स्वयंसेवियों का एक सुगठित और प्रभावी समूह है।

लेकिन ये 'योद्धा' एक बुरी किस्म की लड़ाई लड़ते हैं – विरोधी विचारों वाले पत्रकारों, मुसलमानों एवं दलितों जैसे अल्पसंख्यक समुदायों, और विरोधी दलों के खिलाफ। इस तरह की लड़ाई गंदी होती है, इसमें हथियार के रूप में होते हैं – घटिया भाषा, सेक्सिस्ट तस्वीरें, सफेद झूठ तथा हेरफेर किए गए चित्र और वीडियो।

भारत के लिए विशेष रूप से परेशान करने वाली बात यह है कि इस तरह की बातें और व्यवहार सत्ता के बिल्कुल केंद्र तक घर कर चुके हैं। प्रधानमंत्री मोदी ट्विटर पर बड़ी संख्या में प्रमुख

कसूरवारों को फॉलो करते हैं, भाजपा सोशल मीडिया प्रकोष्ठ ने असहिष्णुता पर चिंता व्यक्त करने वाले प्रमुख अभिनेताओं के खिलाफ लड़ाई छेड़ रखी है, जानबूझकर हेरफेर किए गए वीडियो के आधार पर विरोधी दलों से जुड़े छात्र नेताओं को जेल भेजा गया, सरकार से संबद्ध सत्यापित अकाउंट्स से सांप्रदायिक और नफरत फैलाने वाली बातें ट्वीट की गईं, और प्रमुख मंत्रियों ने इनमें से कुछ आपत्तिजनक बातों को सार्वजनिक रूप से इस्तेमाल करना शुरू कर दिया है।

सोशल मीडिया जिस तरह जातीय और सांप्रदायिक तनाव को बढ़ाता है उसे लेकर भी मैं भयभीत हूं, खासकर ऊना, गुजरात की घटना के बाद जहां एक मृत गाय की खाल उतारने पर सात युवा दलित पुरुषों की डंडे से पिटाई की गई और कसूरवारों ने हिंसा के इस धीमे और नंगे नाच को रिकॉर्ड कर सोशल मीडिया पर अपलोड कर दिया; दादरी में मोहम्मद अखलाक को पीट-पीटकर मारा जाना; कैराना से हिंदुओं के पलायन की झूठी कहानी का ट्रेंड करना; और दंगे भड़काने के लिए मोदी भक्तों का गोवध का पाकिस्तानी वीडियो शेयर करना। आने वाले वर्षों में मोदी-शाह की जोड़ी को तीन चुनाव जीतने हैं जिनमें उत्तर प्रदेश का सबसे बड़ा चुनाव शामिल है। मोदी भी अपने लिए दूसरा कार्यकाल चाहते हैं। इन लक्ष्यों के कारण पार्टी को तनाव फैलाने के कई

मौके और कारण मिलेंगे। सोशल मीडिया पर होने वाली झड़पें इस दिशा में अहम भूमिका निभाएंगी।

आने वाले दिन कैसे होंगे? मुझे डर है, और ज़्यादा बुरी खबरों को लेकर। खानपान, धर्म, कश्मीर और जनजातीय अधिकारों पर पार्टी के विचारों से सहमत नहीं होनेवाले नागरिकों पर हमले करने वाले भाजपा के सोशल मीडिया प्रकोष्ठ में और बड़े दैत्य के रूप में विकसित होने की संभावना है। समय आ गया है कि हम आंखें खोलें और आसन्न खतरों को देखें।

परिशिष्ट

परिशिष्ट एक

पीएम नरेन्द्र मोदी द्वारा फॉलो किए जाने वाले ट्रोल्स नाम हैंडल

1.	ऋषि बागड़ी	@rishibagree
2.	गीता एस। कपूर	@GitaSKapoor
3.	महावीर	@MahaveerM_
4.	गौरव प्रधान	@DrGPradhan
5.	राहुल राज	@bhak_sala
6.	मिरर ऑफ इंडिया	@anilkapur_
7.	अमित शाह आर्मी	@AmitShahArmy
8.	हू स्लैप्ड हूम	@bwoyblunder
9.	अंकित (हिंदी में)	@indiantweeter
10.	निकुंज साहू	@NikunjSahu
11.	गीतिका (हिंदी में)	@ggiittiikkaa
12.	तजिंदर पाल सिंह बग्गा	@TajinderBagga
13.	सुरेश नखुआ	@sureshnakhua
14.	हिंदू डिफेंस लीग	@HDLindiaOrg
15.	हिंदू डिफेंस लीग	@HDL_Global

16. नीरज #HDL @Nir_27
17. हर्ष कुशवाहा #HDL@harshkush-
waha10
18. महक #HDL @mahakbhawani
19. शिल्पी तिवारी @shilpitewari
20. प्रीति गांधी @MrsGandhi
21. प्रशांत @VAJR
22. अनिल कोहली @anilkohli54
23. ऐश दुबे @AshDubey_
24. संत चोपड़ा साब @Chopdasaab
25. भारत_माता_की_जय @Nations_Choice
26. राहुल रौशन @Rahulroushan

नोट: किताब के प्रेस में भेजे जाने के समय यह सूची सही थी।

परिशिष्ट दो

मैं 'आप' के लिए काम करता हूं : ट्विटर पर भाजपा को ट्रैक करने पर यह सच सामने आया

अंकित लाल की रिपोर्ट (डेलीओ से साभार)

अंकित लाल @ankitlal

आम आदमी पार्टी (आप) के सदस्य के रूप में और एक ऐसा व्यक्ति होने के नाते जिसने तीन चुनावों में आप की सोशल मीडिया टीम की अगुवाई की हो, मेरे लिए भाजपा की सोशल मीडिया रणनीति को नजदीक से मॉनिटर करना जरूरी था।

कुल मिलाकर देखें तो दो बार हम उनसे आगे रहे। पहली बार 2013 में और दोबारा 2015 में, लेकिन 2014 में उन्होंने हमें सीधे मात दे दी।

लेकिन पिछले कुछ महीनों के दौरान मैं पार्टी के लिए कुछ दीर्घावधि की योजनाओं से जुड़ा रहा हूं। मैं अपना कंसल्टेंसी का व्यवसाय चलाने के साथ-साथ भारतीय सोशल मीडिया पर एक किताब पर भी काम कर रहा हूं।

इन सबके बावजूद, मैं ट्विटर के लिए हमेशा समय निकाल लेता हूं। मुझे लगता है ट्वीटिंग में मैं बढ़िया हूं और मैं इस बात

से इन्कार नहीं कर सकता इस काम में मुझे मजा आता है।

हाल-फिलहाल, मैंने नोटिस किया है कि भाजपा ने अपनी सोशल मीडिया रणनीति बदल दी है। ट्विटर पर उनके कई पुराने और प्रतिबद्ध समर्थक भी चुप्पी मार गए लगते हैं।

वास्तव में, जब भी वे आम आदमी पार्टी या अरविंद केजरीवाल के खिलाफ ट्वीट करना शुरू करते हैं, मैं देखता हूं कि अनेक यूजर्स लगभग एक जैसे कन्टेंट का इस्तेमाल कर रहे हैं। कई न्यूज पोर्टल ने भी इस बात की ओर ध्यान खींचा है।

कुछ दिनों पूर्व, दिनभर के काम के बाद शाम को मैं अपने सहयोगी चरणजीत के साथ बैठकर बातें कर रहा था। चरण हमारे एक डाटा विश्लेषण टूल के साथ खेल रहा था, हमारे सम्मानित प्रधानमंत्री नरेन्द्र मोदी कतर की यात्रा पर थे, और #ModiIn-Qatar भारत में ट्विटर पर पहले नंबर पर ट्रेंड कर रहा था।

जब उसने हमारे टूल में #ModiInQatar डाला तो उसे कुछ अजीब गतिविधियों का पता चला। यह सब थोड़ा टेक्निकल है लेकिन मैं इसे स्पष्ट करने की हरसंभव कोशिश करता हूं।

नोट करें: इस लेख में इस्तेमाल सभी आंकड़े स्वतंत्र रूप से सार्वजनिक डोमेन पर उपलब्ध हैं, और उनकी पड़ताल की जा सकती है।

#ModiInQatar के लिए 'सर्वाधिक सक्रिय यूजर्स' की

परिशिष्ट

Top | Live | Accounts | Photos | Videos | More options

rupinderjeet singh @happylakhewal · 6m
If Udta Punjab gives bad name to Punjab it is good that Censor board has asked to made the cuts. #UdtaKejriFundsUdtaPunjab

Ruchika Sharma @Ruchika861 · 10m
If Udta Punjab gives bad name to Punjab it is good that Censor board has asked to made the cuts. #UdtaKejriFundsUdtaPunjab

SukhMan Singh @SukhMan1122 · 28m
If Udta Punjab gives bad name to Punjab it is good that Censor board has asked to made the cuts. #UdtaKejriFundsUdtaPunjab

Bittu @BittuKhaira · 34m
If Udta Punjab gives bad name to Punjab it is good that Censor board has asked to made the cuts. #UdtaKejriFundsUdtaPunjab @DebashishHiTs

Satnam singh @SatnamRai25 · 38m
If Udta Punjab gives bad name to Punjab it is good that Censor board has asked to made the cuts. #UdtaKejriFundsUdtaPunjab

Jasmail @Jasmail12 · 40m
If Udta Punjab gives bad name to Punjab it is good that Censor board has asked to made the cuts. #UdtaKejriFundsUdtaPunjab

Sukhmeet Kaur @Sukhmeet2424 · 42m
If Udta Punjab gives bad name to Punjab it is good that Censor board has asked to made the cuts. #UdtaKejriFundsUdtaPunjab

Sukh Deep Kaur @kaur_sukhi2 · 43m
If Udta Punjab gives bad name to Punjab it is good that Censor board has asked to made the cuts. #UdtaKejriFundsUdtaPunjab

सूची में कुछ अकाउंट एस्कॉर्ट सर्विसेज के थे! एस्कॉर्ट सर्विसेज? दिलचस्प।

हमने तय किया कि हम 'हीटमैप' देखकर जानने की कोशिश करते हैं कि ये ट्वीट कहां से आए हैं, लेकिन कुछ खास नहीं मिल पाया।

हां, कुछ ट्वीट संयुक्त अरब अमीरात से जरूर थे।

इसने बहुत कौतुहल पैदा कर दिया था सो हमने ट्रेंडिंग कर रहे अन्य हैशटैग्स की पड़ताल करने का फैसला किया। इनमें पहला था #UdtaKejriFundsUdtaPunjab

जब मैंने सर्वाधिक सक्रिय ट्विटर यूजर्स की लिस्ट देखी, तो हमें अनेक फॉलोअर्स में बहुत सारी समानताएं दिखीं, इस तथ्य के अतिरिक्त कि वे एक जैसे कन्टेंट ट्वीट कर रहे थे।

उनमें से सभी के फॉलोअर्स की संख्या बहुत कम थी, कुछेक

के तो मात्र चार ही। उनमें से कुछ ही अधिकतम 158 लोगों को फॉलो कर रहे थे, और उनके संबंधित ट्वीट की संख्या 1200 थी।

संक्षेप में कहें तो हमें पता चला कि किसी व्यक्ति या संगठन

ने करीब 150 यूजर्स बनाए थे। उन्होंने इन यूजर्स से बेतरतीब ढंग से कुछ अन्य यूजर्स को फॉलो कराया गया था और इनमें से प्रत्येक ने कुल 1200 ट्वीट पोस्ट किए थे।

दिलचस्प यह भी है कि इनमें से अनेक यूजर्स के पंजाबी/सिख नाम थे। क्योंकि आप ताकत के साथ पंजाब चुनाव में उतरी है और

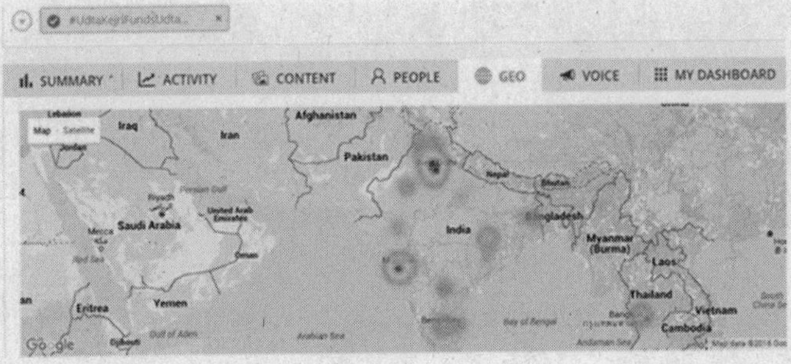

अकाली-भाजपा गठजोड़ को कड़ी टक्कर दे रही है, मुझे लगा, कोई यह भाव पैदा करने की कोशिश कर रहा था कि पंजाब के लोग अरविंद केजरीवाल और आप के खिलाफ ट्वीट कर रहे हैं।

लेकिन यहां आकर मामला और दिलचस्प हो गया।

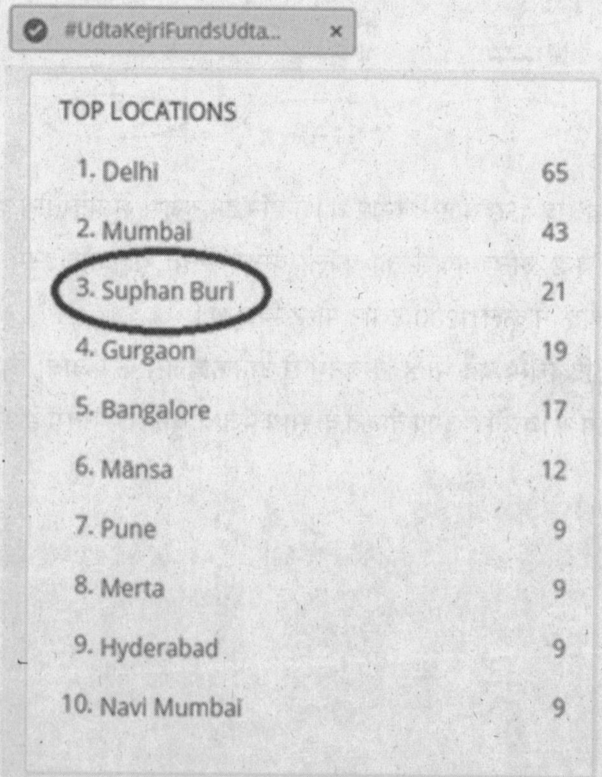
#UdtaKejriFundsUdta...

TOP LOCATIONS

1. Delhi	65
2. Mumbai	43
3. Suphan Buri	21
4. Gurgaon	19
5. Bangalore	17
6. Mānsa	12
7. Pune	9
8. Merta	9
9. Hyderabad	9
10. Navi Mumbai	9

अब जब मैंने हीटमैप को देखा, मैंने पाया कि अनेक ट्वीट आश्चर्यजनक रूप से थाईलैंड से आ रहे थे।

इतने सारे 'भक्त' थाईलैंड में क्या कर रहे थे?

मैंने और बारीकी से पड़ताल की तो पाया यूजर्स मध्य थाईलैंड के एक प्रांत सुहान बुरी से ट्वीट कर रहे थे। ट्वीट से जुड़े शीर्ष स्थलों में यह स्थान तीसरे नंबर पर था।

उन दिनों मोदीजी अफगानिस्तान, कतर, स्विटजरलैंड, अमेरिका और मेक्सिको की यात्रा पर थे। आखिर चल क्या रहा है यह जानने के लिए मैंने इन सारे दौरों से संबद्ध हैशटैग्स को ट्रैक करने का फैसला किया।

जब वे अपना स्विट्जरलैंड का दौरा समाप्त कर रहे थे, मैंने हैशटैग #ModiInSwitzerland के विश्लेषण का काम शुरू किया। यहां मैंने पाया कि शीर्ष यूजर्स भाजपा के पुराने समर्थक

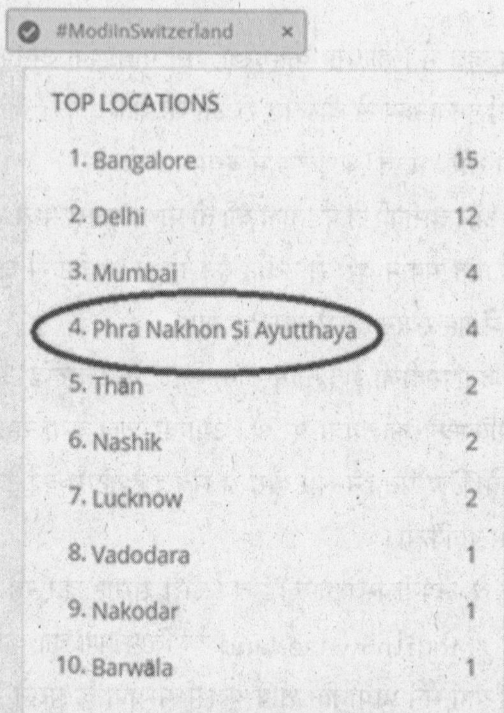
#ModiInSwitzerland
TOP LOCATIONS
1. Bangalore 15
2. Delhi 12
3. Mumbai 4
4. Phra Nakhon Si Ayutthaya 4
5. Thān 2
6. Nashik 2
7. Lucknow 2
8. Vadodara 1
9. Nakodar 1
10. Barwāla 1

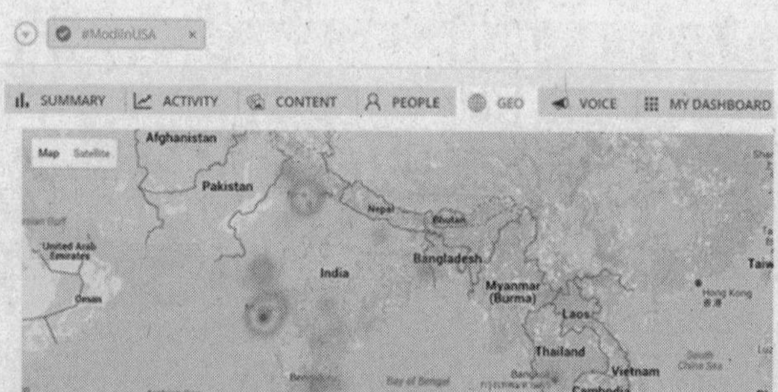
#ModiInUSA
SUMMARY
ACTIVITY
CONTENT
PEOPLE
GEO
VOICE
MY DASHBOARD
Map
Satellite
Afghanistan
Pakistan
Nepal
Bhutan
India
Bangladesh
Myanmar (Burma)
Laos
Thailand
Vietnam
Cambodia
United Arab Emirates
Oman
Hong Kong

थे। मैं उनमें से कुछ को जानता हूं जोकि पिछले कुछ वर्षों से लगातार मुझे गालियां दे रहे हैं। उनको फॉलो करने वालों की अच्छी संख्या है, लेकिन इस मामले में भी, हीटमैप ट्वीट के हॉटस्पॉट के रूप में थाईलैंड को चिह्नित कर रहा था।

हालांकि इस बार स्रोत एक नया स्थल फ्रा नखोन सी अयुत्थया था जोकि मध्य थाईलैंड का ही एक अन्य प्रांत है। यह स्थान शीर्ष स्थलों में चौथे नंबर पर था। मैंने इस जगह के बारे में अब से पहले नहीं सुना था, और असल में यह कोई स्थान है भी या नहीं, यह तय करने के लिए मुझे गूगल सर्च की सहायता लेनी पड़ी।

इसके बाद मोदीजी अमेरिका पहुंचे। पहले मैंने हैशटैग #ModiInUS पर गौर किया। इस पर भी कुछ ट्वीट थाईलैंड से थे, लेकिन ज़्यादा बड़ी संख्या में नहीं। फिर मैंने हैशटैग #ModiInUSA की पड़ताल करने का फैसला किया। यहां भी सुफान बुरी का नाम आया, लेकिन बहुत नीचे 10वें नंबर पर। इसमें आश्चर्य की कोई बात नहीं थी क्योंकि अमेरिका दौरे की पहले से ही चर्चा हो रही थी और इसबारे में अतिरिक्त प्रयास करने की जरूरत नही थी। अंतिम चरण में मोदीजी ने मेक्सिको की यात्रा की।

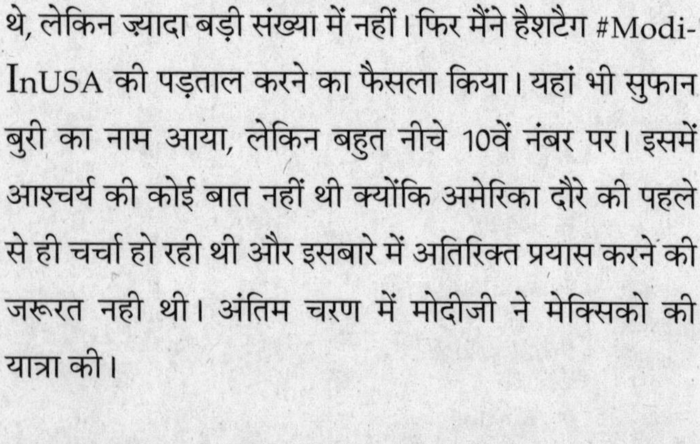

#ModiInMexico ×

TOP LOCATIONS	
1. Bangalore	19
2. Mumbai	18
3. Delhi	15
4. Suphan Buri	15
5. Gurgaon	10
6. Chennai	7
7. Greater Noida	6
8. Pune	5
9. Kolkata	5
10. Varanasi	3

उस दिन हैशटैग #ModiInMexico ट्रेंड कर रहा था, और यात्रा संपन्न होने के बाद मैंने डाटा का विश्लेषण किया। एक बार फिर हीटमैप पर थाईलैंड प्रमुखता से नजर आया।

मध्य थाईलैंड का वही गुमनाम सा प्रांत सुफान बुरी मोदीजी

की मेक्सिको यात्रा के बारे में ट्वीट करने वाले शीर्ष स्थलों की सूची में चौथे नंबर पर था। मेरे लिए सवाल यह था कि थाईलैंडवासी सचमुच में प्रधानमंत्री मोदी में दिलचस्पी लेते हैं या फिर वहां भारतीय आबादी है जो मोदी को बहुत ज़्यादा चाहती है?

थोड़ा रिसर्च करने पर पता चला कि दोनों में से एक भी बात सही नहीं है।

इस दौरान थाईलैंड में सबसे ज़्यादा चर्चा में रहा मुद्दा उनके बुढ़ाते राजा की सर्जरी का था, और दोनों में से किसी भी प्रांत में भारतीयों की ढंग की आबादी नहीं है।

तो फिर ये सब क्या है?

मैं उस दिन का इंतजार करने लगा जब भाजपा एक निरपेक्ष हैशटैग को ट्रेंड कराए जिसमें अंतरराष्ट्रीय जगत की कोई दिलचस्पी नहीं हो। जल्दी ही #TransformingIndia ट्रेंड कर रहा था।

लेकिन मुझे कैसे पता कि भाजपा ने इसे ट्रेंड कराया है?

दरअसल खुद प्रधानमंत्री ने अपने अकाउंट से इस हैशटैग का इस्तेमाल किया था।

मैंने विश्लेषण का टूल चालू किया।

हीटमैप ने इसबार भी दिखाया कि अधिकांश ट्वीट जहां से आ रहे थे उनमें थाईलैंड एक प्रमुख स्थल था।

यह उन हैशटैग्स से कहीं ज़्यादा दिलचस्प था जिनका हमने पहले विश्लेषण किया था। इस बार प्रधानमंत्री का आधिकारिक अकाउंट @PMOIndia के साथ-साथ उनके मंत्रिमंडलीय सहयोगी स्मृति ईरानी, राजनाथ सिंह और मनोहर पर्रिकर भी ट्वीट कर रहे थे।

मैंने उन स्थलों पर गौर करने का प्रयास किया जहां से ये ट्वीट आ रहे थे। उम्मीद के अनुरूप, सुफान बुरी शीर्ष स्थलों में था, वह भी गर्व के साथ तीसरे नंबर पर। फ्रा नखोन सी अयुत्थया नंबर 9 पर था।

तो, इन सबका क्या मतलब है? क्या वहां सचमुच के समर्थक होंगे जो मोदीजी या भाजपा के लिए ट्वीट कर सकते हैं?

बहुत संभव है, ऐसे कुछ लोग हो सकते हैं वहां लेकिन जिस बड़ी संख्या में ट्वीट पोस्ट किए जाने से ये स्थान नियमित रूप से

शीर्ष स्थलों में शुमार होते हैं वो कुछ छिटपुट फॉलोअर्स के वश की बात नहीं है।

दो ही संभावित स्पष्टीकरण हो सकते हैं:

a) आसान स्पष्टीकरण: भाजपा नेता या उनके कुछ समर्थक जगह और अपनी पहचान को गुप्त रखने के लिए वीपीएन (वर्चुअल प्राइवेट नेटवर्क) का इस्तेमाल कर रहे हैं। इस दीवार के पीछे छुपकर, वे नियमित रूप से फर्जी हैंडल्स बना रहे हैं और भाजपा के हैशटैग्स को मदद पहुंचा रहे हैं। इससे अनेक हैंडल्स से एक ही कन्टेंट के इस्तेमाल का राज खुल जाता है, जैसाकि #UdtaKejriFundsUdtaPunjab के मामले में देखा गया। इसका ये भी मतलब है कि उनके वास्तविक समर्थक चुप्पी मार गए हैं।

b) रहस्यभरा स्पष्टीकरण: भाजपा ने अपने काले कारनामों के लिए थाईलैंड में किसी मार्केटिंग एजेंसी की सेवाएं ली हैं। इनमें फर्जी यूजर्स पैदा करना, दूसरे दलों के नेताओं को गालियां बकना और अरविंद केजरीवाल जैसे नेताओं के लिए नकारात्मक भाव

#transformingIndia

TOP LOCATIONS

1. Bangalore	40
2. Delhi	33
3. Suphan Buri	33
4. Kolkata	23
5. Muzaffarnagar	14
6. Bharatpur	12
7. Pune	7
8. Mumbai	6
9. Phra Nakhon Si Ayutthaya	6
10. Ghāziābād	5

पैदा करना शामिल हैं।

अगर दूसरी बात सही है, तो स्थिति कहीं ज़्यादा चिंताजनक है और इसका मतलब ये हुआ कि भाजपा ने मान लिया है कि उसका ऑनलाइन समर्थन कम हो रहा है और वे अब डैमेज कंट्रोल की मुद्रा में आ गए हैं।

एक बात बिल्कुल साफ है कि भाजपा को कुछ स्पष्टीकरण देने की आवश्यकता है। मैं आईटी मंत्री रविशंकर प्रसाद से इस मामले को देखने का आग्रह करता हूं। शायद वही इस पर कुछ प्रकाश डाल सकें कि क्या ये सब भी #DigitalIndia उपक्रम का हिस्सा तो नहीं है?

आप इसे भी पढ़ें

'JNU videos doctored: Forensic report; Smriti Irani's aide Shilpi Tewari under lens'

http://economictimes lindiatimes lcom/news/politics-and-nation/jnu-videos-doctoredforensic-

report-smriti-iranis-aide-shilpi-tewariunder-lens/articleshow/51232360.cms

'Shilpi Tiwari, Irani's close aide is the latest to face the JNU heat'

http://www lhindustantimes lcom/india/shilpitiwari-smriti-irani-s-close-aide-is-the -latestvictim-in-jnu-row/story-mFS9jFnNiHodeh9hcQaSMI lhtml

'JNU: Forensic lab finds Kanhaiya videos doctored, Irani's aide faces heat online'

http://www lthenewsminute lcom/article/jnu-forensic-lab-finds-kanhaiya-videos-doctoredira-nis-aide-faces-heat-online-39661

आभार

अपने करियर में मैंने यह सबसे बड़ा इन्वेस्टिगेशन किया है। इसमें मुझे दो साल लगे और मुझे अनेक इंटरव्यू करने पड़े। इन सबके बिना यह संभव नहीं हो सकता था:

राम माधव, जिन्होंने मुझे एक विस्तृत रिकॉर्डेट इंटरव्यू दिया तथा आरएसएस और भाजपा के सोशल मीडिया एजेंडे के व्यापक परिप्रेक्ष्य पर गहन ज्ञान और अंतर्दृष्टि के साथ बातचीत की।

अरुण शौरी, जो हमेशा ही उदारता दिखाते हैं और जिन्होंने टेप पर अपने अनुभव के बारे में विस्तार से बताते हुए अपनी तीक्ष्ण अंतर्दृष्टि को साझा किया।

पूर्व मुख्य निर्वाचन आयुक्त एस। वाय। कुरैशी, जिन्होंने धैर्य के साथ विस्तार से बताया कि कैसे वह एक राजनीतिक हथकंडे के रूप में सोशल मीडिया पर उत्तेजना फैलाए जाने को रोकना चाहते थे।

पूर्व सांसद तथा *इंडियन एक्सप्रेस,* हिंदुस्तान टाइम्स और *टाइम्स ऑफ इंडिया* के संपादक रहे एच। के। दुआ जिन्होंने आरएसएस की कार्यप्रणाली पर अपनी मूल्यवान अंतरदृष्टि शेयर की।

अंकित लाल, जिन्होंने आप के बारे में और सोशल मीडिया पर भाजपा के साथ कड़े संघर्ष के बारे में बताया; और आईटी इंजीनियर सिद्धार्थ भास्कर, जिन्होंने उनके अध्ययन की स्वतंत्र रूप से पुष्टि की।

अभिसार शर्मा, जिन्होंने एक ईमेल इंटरव्यू में निडर होकर बात की।

दिलीप चेरियन, जो ऐसे दौर में खुलकर बोले जब जनसंपर्क से जुड़े अधिकतर लोग विवेकपूर्ण चुप्पी साध लेते।

गृह मंत्रालय, खुफिया ब्यूरो, दूरसंचार विभाग, संचार और आईटी मंत्रालय, सूचना एवं प्रसारण मंत्रालय और वित्त मंत्रालय के वरिष्ठ अधिकारी, जिन्होंने मुझे सरकार के भीतर सोशल मीडिया में हो रही गतिविधियों की अंदरूनी जानकारी दी, साथ ही कुछ महत्वपूर्ण दस्तावेज और आगे काम करने के लिए लीड्स दिए।

भाजपा और आरएसएस के नेता जिन्होंने संबंधित लोगों से पहचान और बैठकें तय करा के ट्रोल्स की दुनिया में पांव रखने में मेरी बढ़चढ़कर मदद की।

मेरे ट्रोल्स, मुझसे मिलने और बातचीत के लिए तैयार होने के लिए आपका शुक्रिया। मैंने आपको गुमनामी का भरोसा दिलाया था और मैं अपनी बात पर कायम रहना चाहूंगी।

और अंत में, साध्वी खोसला का धन्यवाद, जिनकी निडरता और उदारता न सिर्फ प्रेरक हैं बल्कि इस पड़ताल के केंद्र में हैं। हममें से अधिकांश अपनी जिंदगी में गलत राह पकड़ते हैं; लेकिन चीजों को सही करने की कोशिश करने की ताकत कुछेक में ही होती है।

लेखक परिचय

स्वाति चतुर्वेदी एक पत्रकार हैं। यह उनकी दूसरी पुस्तक है।

अनुवादक परिचय

नलिन कुमार जयपुर स्थित एक स्वतंत्र पत्रकार हैं। उन्होंने प्रेस ट्रस्ट ऑफ इंडिया (नई दिल्ली) और बीबीसी (लंदन) में डेढ़ दशक़ से अधिक समय तक काम किया है।